百歳と語る

沖縄長寿科学研究センター　センター長
琉球大学名誉教授

鈴木　信　著

株式会社 新興医学出版社

はじめに

　百歳老人はめずらしくなくなった．そこで最近百歳老人の総理大臣賞はやめようという話が持ち上がっている．21世紀には百歳老人が巷に溢れるようになる．しかも百歳老人の大半はぼけか寝たきりである．昔は百歳になること自体が非常にめずらしかったし，百歳老人は一門の宝であったが，今は「どこか引き取ってくれる施設はありませんか？」という相談も持ちかけられ，介護を要する百歳老人はまさにぬれ落ち葉の代表になっている．

　日野原重明先生は95歳でも矍鑠現役である．分刻みの過密スケジュールをこなされている．そして75歳以上の現役を集めて新老人クラブをつくられている．その秘訣は何であるのか？それはまさに「気」そのものから起きたmindfullness（認知行動）に他ならない．それが「病気」を「元気」にしたり「快気」にしたりする．「気」のもとはどこからくるのであろうか？その秘訣を探ろうとしてwell（寿ぐべき健康百歳）の人たちの観察記録をここに紹介することによって，読者ひとりひとりが自分のwell-beingのあり方を探るヒントとしていただけたら幸いである．

目　次

1. 百歳を訪ねて …………………………………………………1
2. 私が生かしておるのよ …………………………………………4
3. 明治の教育ママ …………………………………………………7
4. 人の定め ………………………………………………………10
5. 「神様」と「ご先祖様」………………………………………12
6. もっと生きたい ………………………………………………15
7. 甲種不合格 ……………………………………………………18
8. 百年の夢 ………………………………………………………22
9. 無言の叫び ……………………………………………………25
10. あやかり文化 …………………………………………………29
11. 台風を楽しむ …………………………………………………34
12. 沖縄初の百寿カップル ………………………………………38
13. 夫婦よりそって百歳に，一升瓶に2合の米 ………………40
14. ろうそくが消えるように ……………………………………43
15. 百歳でプロポーズ ……………………………………………45
16. 「命果報（ぬちがふう）」……………………………………51
17. 頼まれたことは断らない ……………………………………57
18. はなしの人生 …………………………………………………61
19. 長生きしてはずかしい ………………………………………64
20. 神が歩かせている ……………………………………………66
21. コーヒーの木 …………………………………………………68
22. ウートートー …………………………………………………70
23. 百寿者の健康 …………………………………………………75

百歳を訪ねて

「与儀カマさんのお家はどこでしょうか？」ジリジリと肌をさすような日差しが照り付ける中，ジージーというセミの声があちこちから賑わって，一層暑さを厳しく感ずる日であった．読谷村の高志保といえば，沖縄本島中部の東シナ海に面したひなびた村落であった．西に向かって本島からつきだしている残波岬には灯台がある．しかし，岬近くには芋畑で見通しがよいが，高志保の部落付近には背の高いきび畑で，そこからは灯台は見えず，きびが茂る間に民家が点在していた．今では人口も多くなって人通りで賑わうようになったが，昭和51年のことであったからまさに土田舎だったのである．朝10時には太陽が真上にあった．ガタガタ道の埃まみれの道路が岬まで延々と続いて見えただけで，人っこ1人行き交うこともなかった．

我々琉大グループDr. Sと私と看護婦の3人であった．それぞれが重い体重計やら心電計を肩にかけたり，採血道具や診察用具などを手に下げていた．道路標識はないし，村内の字や番地の表示もなかったので，右手に持った高志保地域の村落の地図を見ながら，一軒一軒訪ね回るよりほかなかった．我々は歩き疲れたうえ，汗ぐっしょりの上に埃まみれになっていた．その時ふと，道のはずれからかごをしょって右手に鎌をもってとことこ歩いてくるおばあが見えた．我々は天の助けと思っておばあが来るのを待った．我々グループの仲間のDr. Sが声をかけたのでおばあは立ち止まった．「与儀カマさんのお家はどこですか？」一言一言話をしたところ，おばあは突然もと来た方向に歩き出した．おばあにはヤマトグチは全然通じないので，Dr. Sの言葉が頼りであった．Dr. Sが『「ついてきなさい」と言っているから』と我々に説明してくれた．「田舎には親切な人がいるものだ」．と案内をしてくれるおばあに感謝しなが

ら，無言のまま彼女の後についていった．
　表通りから右に折れて狭い路地に数軒の赤瓦ぶきの民家がきびに囲まれて寄り添ったように建っていた．入口の（入口と母屋の間にある石造りの壁）を右に廻った．家は開けっ放しにされてどこからでも入ることができた．「チャービラサイ」（ゴメン下サイ）．家の中から何の応答もなかった．おばあはかごを「やっこっらっしゃ」と下ろして，鎌をその中へ．どうやらここはおばあの家らしかった．「どうなっているのだろうか？」訝しげながら云われるままに我々は靴を脱いで直接縁側から部屋に招きいれられた．部屋の中央には硬い畳の上にビニール製のゴザがひいてあって，その上に背の低い古いテーブルが置いてあった．立っているわけにいかないので，我々はその間に座った．しっくいで留めた赤瓦屋根は日差しをさえぎるだけではなかった．涼しい風が吹き抜けて我々の肌に心地よさを感じさせてくれた．おばあはせっせと我々にサービスのつもりであったであろうか．お茶の用意を始めた．
　お茶を一口いただいて一息いれてから，Dr. Sが与儀カマさんの家を尋ねた．「ワン・・！」（私だよ！）まさか・・・．我々はきつねにつままれたような気持ちになった．Dr. Sがおばあと話を始めたときに，やっと我に帰ったように検診の用具を床に広げた．この矍鑠おばあは我々が探し求めていた与儀カマさんだったのである．
　「ネンジミソーレ」（ねて下さい）．おばあには床に直接寝てもらった．枕はそこにあった座布団を拝借して二つおりにした．そこでやっと我々の検診に来たんだということを理解されたようであった．おばあは突然起き上がって，次の部屋から自分の枕を持ってきた．
　診察が終わり心電図をとった．「上等ですよ」我々の声におばあは急にニコニコして，急にうちとけるようになった．ここで私は「上等」という言葉は沖縄では最上級の誉め言葉であることがわかった．ほどけた衣装を整え終えて，おばあは急に口元がほころんで多弁になった．検診が終わってホッとしたのでもあろう．生い立ちや日常の話をとめどなく喋りだした．そしておばあは独り暮らしであることがわかった．「こんなに元気な百歳なんて見たことないよ」我々の言葉を受けて，当然の事のよ

うに言った．「家の向かいにも百歳のおばあがいるよ」すぐさまおばあの案内で斜め向かいのおばあの家を訪れることになった．

　本当だったのである．それは我々にとって二度目の驚きであった．同じ小路の向かい同志におばあの友達がいた．百歳老人1人に会うのも大変な足労が必要であったのに，元気な百歳老人に一度に2人にも会えるなんて，我々にとってこんなにラッキーな事はなかった．

　その時沖縄県には32人もの百歳老人がいることがわかった．32人のうちの2人はこの小路にいたのである．これは昭和51年，1976年の夏のことであった．この年の百寿者は少なくとも1876年（明治9年）以前の生まれなのである．これが私の百歳のおじいおばあとのつきあいのきっかけとなった．そして30年以上に渡って私の沖縄病はますます重症になっていった．

私が生かしておるのよ

　1888年徳助，通称トニーは沖縄県の名護市に生まれた．8人兄弟の3番目．薪拾いで家計を助けていた．貧乏で学校へも行けなかった．1905年17歳の時，沖縄の移民の父と言われている当山久三の心意気に感じて，彼はカナダ移民を決心した．彼がはるばるバンクーバーに到着した時，17歳では入国が許可されないことがわかった．しかし幸いにも彼は年齢に似合わず体が大きかったので，18歳としても十分に通用した．そこで彼の心意気に感じた人々が思案した末，彼を18歳と偽って入国をさせた．入国できた彼は早速，鉄道線路の石積みやマクラ木の切り出しを行った．さらに鮭の燻製所の職を転々とした．凍てつく寒さのなかで，この国で根を張ってしっかり生きていくために，一生懸命に働いた．周囲の人たちは好奇心も手伝ったと思われるが，親切にも仕事の合間をぬって，よってたかって彼にABCを手解いた．

　1935年，彼は47歳になっていた．せっせと貯めたお金で50エーカーの土地を買ってバンクーバーの近くにマイホームを建てた．彼はそれを土産話に，母親が病気になったので，お見舞いを理由に，結婚相手を探しに沖縄名護の故郷に帰った．

　後に妻となったエミさんは既婚であったが，支那事変が勃発し夫を失い，名護の自宅で機織りをして生計を立てて，1人息子を育てていた．エミの父親は積極的にエミの渡加を勧めた．父親が孫を責任をもって育てるというのであった．トニーは先にカナダへ帰国．2年後にカナダ政府からやっと許可がおりて農場を開くことができて，トニーはこうして彼女を妻として迎えることができた．彼の養鶏場には5千羽の鶏が入っていた．51歳の時，長男が生まれた．以後年子で2人の娘に恵まれた．

　ところが1941年53歳の時，太平洋戦争の勃発によって彼らは絶望の

トニーさんの誕生日
トニーさん107歳の誕生日．ロサンジェルスにて．長男と一緒．

どん底に突き落とされた．日系人の退去命令であった．養鶏場も農場も自宅も没収された．「沖縄はもっと苦しいはず，カナダよりいい国はない」．エミがトニーの揺れる心をしっかり引き止めた．夫婦と3人の子どもは強制収容所のキャンプ生活に．そこで4人目の次男が馬小屋で生まれた．

戦後，1945年，彼は57歳になった．しかし彼の家には中国人家族が住んでいた．そこで彼は家族を引き連れてキャンプをあとに，新しい天地を求めて奥地に向かった．1948年6月オンタリオ州サンダーベイの近くのニピゴンにたどり着いた．そこで彼は家を借りてポテトやキャベツを作る農業を行いながら，木材の伐採の仕事をして，「合計5人」の子どもを育てた．こうして1968年，80歳の時に2回目のマイホームをニピゴンに建てることができた．

トニーは107歳，エミは90歳になった．長男夫婦と同居していた．しかし彼らの体格は対照的であった．トニーは48kgなのに，長男は90kgを超して相撲取りのよう．ときどき心臓発作を起こすそうである．トニーはコテージのある湖で釣りが趣味で，トニー夫婦が釣った鮭や虹鱒をエミが料理する．肉より魚．ガーリックとジンジャーを使う．トニーの朝食は玄米．それを煎ってミキサーにかけ，ハニーやミルクやレーズンやバナナなどをシリアルに入れる．人参とセロリ，林檎のフレッシュジュー

トニーさん・エミさん夫婦
トニーさん百歳のとき（日加タイムス掲載の記事より）

ス．昼食は鶏の照り焼き．12種類の野菜の入ったチャン麺（やきそば），夕食は酢の物，自家製の豆腐，ししゃもに似たスメルトのみりん干し，いなり寿司，たんぽぽの葉の白和え，豚の耳のスライス．

彼の歯は今でも7本ある．眼鏡なしで新聞が読める．立ち振る舞いは自力でできる．背筋が伸びて，顔はつやつや，声は太くよく響く．健康の秘訣はぐっすり寝ること．楽しいことだけ考えること．「常に微笑を忘れずに」．世界一長寿のフランスのカルメンさん（120歳）の言葉である．過酷な体験をしても後ろ向きにならない．

「日本人は年齢や形式にこだわりすぎて窮屈な思いをしている」．カナダの首相ジャン　クレアチアン氏からの賞状を嬉しそうに紹介しながらわれわれを諭すように言った．

"That's enough" 食事中に突然大声が響いた．耳が遠いのでいつでも彼は大声になる．エミさんが2本目のチキンをトニーのお皿に入れようとした時である．

「おじいちゃん」．6歳，5歳，2歳の孫が駆けめぐる光景．気持ちの和むオーラ，（元気の素）がたっぷり伝わってくる．

明治の教育ママ

「私がこんなにも長生きをしたのは『自分の分まで長生きしなさい』と言ってくれた主人のおかげです。『どうぞお父さん（主人）の分まで長生きさせて下さい』と神様に祈っているからです」声が震えている．いつも使ったことのない大和言葉．身体までしゃっちょこばっている．質問をしている私の方までかしこまってしまう．

「長生きの秘訣は何ですか？」沖縄の方言には「秘訣」という言葉はないので通訳するのが不可能である．「生きていて良かったと思うことは何ですか？」看護婦が言い換えて質問した．それでは「秘訣」とはほど遠くなってしまう．「どうしたら長生きできると思いますか？」私はとっさに言い換えた．

「特にありません．自然にしているだけです．よく働いて，嫁に行って，子どもたちをよく教育して，教育してね」教育に語気を強めて2回も言った．

「検診を受けるなら設備の整っている病院に行って受けるさ」．われわれが毎年行っている百寿者検診は自宅や施設を訪問して行っている．しかしUおばあちゃんは病院の外来へ歩いてきた．

その当時われわれは過去11年にわたって行った198名の百寿者検診のなかで，病院へ通院して受診したのは那覇市国場のKおばあちゃんに続いて，Uおばあちゃんが2人目であった．琉球大学病院が那覇市の中心に近い与儀から10kmほど離れた西原町へ移転してからは，初めてのことであった．琉球大学病院による昨年の受診の時はしゃきっとしていたが，今年はさすがに足腰が少し弱ったとのことで杖をついて歩いてきた．病院内のレントゲン室や検査室に行く時は車椅子に乗ってもらった．

おばあちゃんは明治19年10月7日，首里生まれ，100歳と7ヵ月にな

Kおばあちゃん
Kおばあちゃん百歳の記念写真

る．19歳の時に一つ年上の夫と結婚した．「カゴに乗ってお嫁入りしてね」．ほのぼのとした昔の風情が思い浮かべられる．

　昭和7年，夫とともに洗濯屋を開業し，続いて昭和10年お風呂屋を経営した．その後，暇をあかして豆腐を作り，機織りをした．大変な働き者であった．豆腐を作るのに毎日朝3時に起きた．戦前の昭和12年，夫とともに台湾へ渡った．現地で51歳の時，夫を失った．肝臓病で腹水がたまったそうである．戦後昭和22年帰沖した．その後は女手一つで台湾商品の輸入を主に行っていたそうである．

　おばあちゃんは79歳になる長女を筆頭に，5人の子どもに恵まれた．現在76歳になる長男と一緒に那覇市首里に住んでいる．四男は61歳で那覇に居をかまえている．長男，四男ともに本土の帝国大学の卒業である．4人の息子のうち戦死の1人を除く2人が帝大出であるから，なるほど立派な教育歴である．おばあちゃんの自慢もむべなるかなである．一生懸命働いて稼いで，息子たちを大学に行かせた．当時のこととて大変なことであっただろう．ことに沖縄のことであるから，ましてものこと

である．勝気なおばあちゃんである．自分は学力がなくても，子どもに期待をかけた教育ママの明治版なのである．百歳のおばあちゃんとて現在の母親と変わりはない．それがおばあちゃんの生きがいであった．自慢なのである．

　しかしおばあちゃんは学校へ行ったことがないが，お金を数えることはできる．新札が発行されてからは，さすがのおばあちゃんも一万円札と五千円札と千円札の区別がつかなくなった．そこで周囲が気を使って千円札しか渡さないことにしたそうである．「小遣いだよ」．孫に千円札を数えて渡す．今でも買い物に出かけるがすべて千円札で支払いを済ますそうである．

　超高齢者の場合には診察による身体所見を記録することもさることながら，むしろその人の生い立ちや生活に立ち入って「人となり」や「生き甲斐」を把握することが診療をうまく進めるコツといえる．

人の定め

「これが私の定めだから仕方がないさ」ゴゼイおばあ。彼女は101歳、老人ホームにいる。「私は一度も人に迷惑をかけたことがない」とキッパリ言い切った。

おばあは大宜味村（おおぎみそん）の農家の生まれ。長男、長女、次女についで7人兄弟姉妹の四番目、三女である。彼女の下に四女、五女と続く。両親は貧乏だったし、家で子守りや手伝いに明け暮れた。「田舎では女の子は学校へ行ってはいない」今でも読み書きはできないが、自分の名前だけは書ける。

24歳で屋我地村（やがじそん）へ嫁いで、一男三女に恵まれた。しかし生活が苦しく、家をまとめて食い扶持（ぶち）を稼ぐために東京に行くことに決めた。おばあの不幸はここから始まった。上京してまもなく「大地震があってさ」。関東大震災のことらしい。大震災にあって焼け出され、命からがら東京を去って横浜の中村町に住み着いた。ところが大恐慌のあおりをくって、職探しもままならなかった。折しも夫は福岡の炭鉱の労務者の口を見つけ、出稼ぎに行くことになった。しかしこれが今生の最後とは思わず、夫を見送った。そこにまたもや不幸の波が押し寄せた。炭鉱の落盤で夫の死が伝えられたのである。そこで女手一つで4人の子どもを養うことになった。不幸は重なるものである。横浜に連続10日にわたる大雨が続き、裏山が崩れて一家が生き埋めになり4人の子どもを一度に失った。

おばあの目から涙がぽろぽろとこぼれ出てきた。それほどに悲しくて悔しさがこみ上げたのか？ 看護婦がそっとハンカチで涙をぬぐってあげた。「おばあは苦労したんだね」、これでいったん終わったかに見えたおばあの口に火が着いて、話がえんえんと続いた。

おばあは横浜で20年を送った後，戦後まもなく郷里の大宜味に帰って来た．47歳になっていた．おばあは遺族年金，「18,200円」を強調した．当時にして1万円は大金であったはずである．「なくなっていったんだよ」．誰からともなくそれらを寄ってたかって持っていった人たちがいたようである．こうして蓄えられていたはずの年金は一銭もなかった．
　そのころ那覇から出張して，やんばる（山原：沖縄本島の北部地区の農漁村地域をさす）に赴任してきたある男性に落ち合い，一夜を共にした．彼には4人の子どもがいた．「昔の武士みたいなものさ」とおばあは言う．「後でわかったのだよ」．妊娠がわかったのは彼が去った後であったということらしい．彼の行方はわからなかった．おばあはまた女手一つでこの娘を育て上げなければならなかった．「毛遊び（沖縄の村々で行われていた男女の野外遊び）みたいなものでしょうね」．ホームの事務員が後で付け加えた．おばあは娘のところで生活をしていたが，娘との折り合いが悪いらしく，娘は今もホームへ訪問して来ないそうである．今では遺族年金はホームの事務室で保管しているそうである．
　「おばあ長生きの心臓の音を聞かせてね」．おばあは自分からシャツのボタンをはずした．血圧 122/80 mmHg．「血圧は上等だね」．笑顔がこぼれる．「へびみたいだね」．おばあは臆面もなく，男性のように血管の走る自身の腕をみつめた．おばあは「採血しやすいわね」．
　「私が今ここに生きているのもみんな『人の定め』なんだから」悲しい時は沖縄の民謡を歌って踊って自分を慰める．「沖縄の民謡には人の情けを歌う歌がたくさんあるさ」「この歌を知っているか？」次々と民謡を口ずさむ．
　「笑って，笑って，おばあ」．口元がほころぶと歯がすっかり揃っているので，口が引き締まる．金歯が光る．「踊って，踊って，おばあ」．カメラに向って踊る．「若いころはきっともてていただろうね」「今はこんなものが見られるなんて，生きていて幸せさ」デジタルカメラを覗きこんで笑顔がこぼれたまんまである．
　「ありがとうよ，また来てね」．おばあの握手は力強かった．
　超高齢者とのよい関係は話をじっくり聞くことから始まるのである．

「神様」と「ご先祖様」

　「おばあちゃんの百年にわたる生涯はどんな一生でしたか？」沖縄で使われている「おばあ」という呼称は「おばあさん」と違って，人生の荒波にもまれてもびくともしない"どしっ"とした男性顔負けの貫禄十分な頼りになる年配の女性というニュアンスを持っている．新本さんはそんな「おばあ」というより，百歳老人には珍しくスマートでインテリで，おばあちゃんというよりもおばあさんという感じの人である．おばあさんは一瞬まじめ顔になったが，次いでほっとしたように愛想を崩した．「私は8人の子どもを産みましたが，全員が満足に育ち，それぞれ立派になり，何も言うことはありません．全員が成功した一生でいて良かったと思っています．その点で私の子どもたちは1人として悪いことをしていた子はいないのです」．おばあさんはその点を強調した．
　「悪いこと」とはことに最近起きた凶悪な犯罪から軽微のものまでいろいろな意味合いが含まれる．17歳のバスジャック事件や殺人など昨今の凶悪犯罪を思い出しながら，「最近は悪いことをする子ども達が多いですよね」．
　「まったく普通な会話ですね」看護婦は側から感心したように口添えをした．74歳になる次男が新本家の主人である．彼は結構でっぷりしているもののお人好しタイプで愛想良くにこにこしてわれわれを迎えてくれたが，この応答を聞いていっそう笑顔満面になった．
　普通，沖縄の百歳のおばあは，まったくのウチナーロ（沖縄方言）か片言のヤマトロ（標準語）の人がほとんどだが，このおばあさんはヤマトロが完璧だし，しかも頭脳明晰であった．まったくボケていない．抽象的な会話の質問に十分応答できるだろうと思い，「おばあちゃんの生きがいは何ですか？」まわりくどく説明するまでもなく「生きがい」とい

う言葉を直接用いて質問してみた．

　おばあさんはいっそう険しい表情をした．少々の間があったあと，やがて口を開いた．「私は神様からこの身体をあずかっているので」．一呼吸した．自立して生活ができて，しかも言葉が的確な百寿者のおばあさんは初めてであった．まったく普通の成人そのものである．「神様の思し召し通りに生きています」．感慨深げに言った．敬虔なクリスチャンなのだ．感心ひとしおであった．

　おばあさんは石垣島の登野城の生まれ．長男は3歳で他界しているので，次男が家を継いだ．浦添と石垣の生活はほぼ半々で，沖縄本島と飛行機で1時間もかかる石垣島を頻繁に行き来している．

　「飛行機に乗るのには不自由はないですよ．娘がいる故郷の石垣に行くのが楽しみです．しかしトートーメー（先祖の位牌）がこちらにあるから，それを守らなければならないのです」．

　ご先祖様のウガン（祈願のこと）と神様のお祈りをうまく両立させている．何となく奇妙な組み合わせのように思われるが，本人自身，何ら疑問を感じていないし，おばあさんにとって神様は天地創造の神様であり，ご先祖様は家族を見守っているご先祖様である．その間に何ら不自然を感じさせない．「子どもの頃，登野城の実家の隣に教会ができて教会に通うようになったのです．そこの初代のオーバン神父様も2代目メービー神父様もともに素敵な人でしたよ」．印象強く記憶しているという．「メービー神父様に似ているね．ひげがあるところが特に」．われわれ研究スタッフのクレイグを見ながら，懐かしそうに子どもの頃の思い出を語ってくれた．クレイグはカナダ出身で立派なひげをたくわえている．「学校は6年生まで行きました．貧乏なので高等小学校には行かなかったけれど」．残念そうにポツリと言った．「あの頃，女が学校へ行くのは大変だったですよ」．その代わり子ども達に大学教育までつけたのだそうである．

　26歳で結婚した．ご主人は大工．戦争中は石垣島にいた．登野城は街中にあったので於茂登岳に掘っ立て小屋を建てて疎開した．夫とは74歳で死別．「人生の中でもっともつらかったことは子どもに先立たれたこ

とです」．子どもの死が夫の死や戦争より先行しているようであった．

「看護婦さん，何回も針を刺してもいいよ」「練習のつもりで！　やるほどにうまくなるからね」．採血の際はしかめ面を一度もしなかったし，「アガー」（痛いときに上げる声）は聞かれなかった．我慢強いし，理解力十分のおばあさんであった．

「テレビは毎日見ています．老人になるとただ画像を見ている人が多いようですが，それでは意味がないのです．内容を十分踏まえて見なければ」「手術してから目はいっそう良く見えるようになりました」．日本本土に行って白内障の手術を3年前に受けたそうである．

「家には先祖代々引き継いでいる三線（三味線に似た楽器）があってね」三線ケースを自ら開いて見せた．おばあさんの家は松茂氏といって，家宝の三線を継代して，次男にあたる息子が松茂氏13代目にあたるそうである．系図を息子が開いて見せた．

「また来てね」．1階の駐車場まで草履を引っ掛けて，ひょこひょこと降りてきた．息子が続いて降りてきて，われわれを見送りながら別れを惜しんでいる様子がしみじみと感じられた．後ろ髪をひかれるような1日であった．

もっと生きたい

　伊江島は沖縄本島の西，東シナ海の海上にあって，高速フェリーで40分で行ける．午前と午後に各1便のカーフェリーが本部半島の先端にある渡口港から通っている．リーフに囲まれた平坦な島であるが中央に伊江島タッチュウーという海抜72 m，てっぺんの尖った岩山があってちょうど潜水艦のような全貌を呈し，リーフに周囲を円く囲まれた美しい島である．中央には東洋一の規模を誇る嘉手納空港と同じくらいに長い滑走路があるが，今はまったく使われていない．おびただしい数の死傷者を出して修羅場と化した伊江島の戦場も静寂のなかに包まれてすっかり雑草が生い茂っているが，今なお戦争の傷跡があちこちに残っていて，荒れ果てた荒野という感じである．かつての滑走路は米軍射爆場に化し，演習の時は騒然となる．現在は人口もだいぶ減って，港付近と演習場の片隅に寄せられて，約4000人のヒトが住み，きび作農を営んでいる．

　Tおばあはちょうど105歳になっていた．彼女の家は伊江島の港からすぐで，歩いていける所にあるはずである．「まさかあのおばあが生きているなんて」想像もしなかった．まさに奇跡が起きた．

　私達が最初におばあに会ったのは5年前であった．まさに息絶え絶えで，私達の訪問を待ちに待っていたのである．どこからもつゆが出ないと思えるぐらいミイラのようにからからに干からびていて，検診などするどころではなかった．雨戸を1本みんなではずして，おばあを乗せて居あわせた人々をせかせながら島唯一の診療所に運び入れた．島には医師はいない．ただし1人の医介輔がいるが，あいにく昨日から上京していて不在であった．診療所はドアが開いたままで誰もいなかった．古びた診療棚の上段に点滴薬が3本置いてあった．鍵も掛けてなかった．私はその1本を無造作に取り出しておばあの腕に針を刺した．おばあは「あ

Tおばあちゃん
102歳のTおばあちゃんが検診後お別れのときにカチャーシーを踊ってくれた

があ」(痛い時にあげる声)とも言わず，かすかに息が聞こえるだけで何も反応もなかった．

　近所の人の話によるとおばあは便秘をしていたので，前日下剤を2錠飲ませたそうである．それが効きすぎたのか，昨日から当日にかけて水様便が出っ放しになってしまったのだ．

　「おばあ自慢のニンニク酒だけ飲ませておけばよかったのに」．強度の脱水以外に異常はなかった．1本目の点滴がほどなく終わって，2本目そして3本目．しかし島にはこの3本しか点滴はなかった．当時本部(モトブ)半島には病院はなかったので，半島の根もとの名護まで連れてゆかねばならない．この状態では搬送など無理である．診察の所見や処置をすべて書き置きした．

　最終便の汽笛が鳴った．私達の検診班は後ろ髪を引かれるままに，その場をあとにせざるを得なかった．おばあは翌日，名護の病院へ送られた．重体になってから1週間でめきめき回復して退院となったのである．おばあの生きる気力がそうさせたのであろう．

村道字の道端をひょこひょこ歩いているおばあに偶然出会った．2年前とはまったく別人のようであった．その日おばあ宅を訪れたがおばあは家にはいなかったのである．それもそのはず，毎日気の向くままに字のなかを回り歩く．字のどの家もおばあにとっては「自分の家」なのである．それが日課で，毎日トータル1km以上は歩いているそうである．足腰が丈夫で腰はしゃんと伸びている．おばあは昨年よりはるかに若くなった感じであった．

　「これが若さの秘訣さ」おばあは得意げになって大きな瓶を見せてくれた．泡盛につけたニンニクがプンプン臭った．毎日寝る前にニンニク酒に薬草を入れて飲んでいるそうである．70歳の頃から自分で始めたそうだ．「生き抜くために」芭蕉布の着物が大変涼しそうで，上に黒い兵児帯を締めていた．ビーチサンダルを履いて，庭へ降りて突然カチャーシーを踊りだした．われわれはカメラを慌てて取り出した．5月とはいえ沖縄では真夏の盛りであるが，沖縄の赤瓦の家は涼しくてクーラーはいらない．戸がまったく開け放たれて，表から家の隅々まで見渡せる．涼しい風が吹き抜ける．

　どこからか突然蟬が急に飛んできて，庭に面した柱に止まって鳴きだした．今年度はわれわれ検診班にNHKのリポーターとカメラマンが同行していた．翌日のテレビ放映には，蟬の鳴き声とともに最初に柱に止まった蟬がクローズアップされた．続いてズームダウンして，踊っているおばあにピントが合わされた．長い地下生活の末，地上の楽園を謳歌している蟬，一方，困難な人生の末，伊江島の楽園を謳歌しているおばあ．興味ある好対照であった．

　昭和62年4月28日の新聞記事によると，日本長寿者褒称委員会からおばあに長寿の記念メダルが贈与されたそうである．あと7日で5月5日の誕生日を迎えて106歳になる．ついに当時の沖縄最長寿者にのし上がったのである．散歩が楽しみで，毎朝5時に起き，夜8時に床に就く規則的な生活をしており，相変わらず親戚巡りが続いている．「もっと生き続けて，いろいろな人たちに会って，世の中をみたい」．おばあの生きる気力はおばあを沖縄の最高長寿112歳まで達者に生かせたのである．

甲種不合格

「日清戦争に行かれましたか？」「いいえ，あんな所には行きませんでしたよ．あれは私が10歳の時のことですから」．喜納（きな）清常さんは「あんな所」を強調して顔をしかめて答えた．なんとなく不機嫌な感じにとれた．彼は101歳になる．しかし彼が子どもの頃の沖縄にとって日清戦争には何か悪いイメージがあったのだろうか？　百寿者の調査の時にはまず第一にこの質問しているので今まで何の気なしに質問していた．戸籍の信憑性をチェックするのに好適な質問だからである．

私は「彼の年齢に誤りがなさそうだな」と感じたのと同時に，彼の記憶力の素晴らしいのに感心しながら，年齢確認のためもう一押しの質問を続けた．

「それでは日露戦争には行かれましたか？」

「日露戦争の時はね，徴兵検査を受けたが甲種不合格でしたよ！」私の反応を探る様子もなかった．相変わらず不満そうな口調であった．"不合格"に私は耳を疑った．

甲種合格という言葉はよく耳にした．徴兵検査のときに身体検査を受けて，体格が優れ健康優良であったということである．乙は多少ひ弱な人で，丙は異常があって不適格ということであろう．これらは家畜の品評会みたいで，嫌な感じがするが，一方では健康優良であるといって両親も本人も鼻が高い．

「どうしてですか？　甲種合格の間違いでしょう？」と私は重ねて喜納さんに質問した．

彼は「イヤ，不合格でした．甲種の人がたくさんいたのでね．その後，クジで外れたんです」．「だから甲種不合格！」"不"に力を込めて．側から娘のカンナさんが口をはさんだ．娘といってもカンナさんは65歳にな

101歳の時．自筆のお習字とともに

る．「近衛兵にどうかって言っていたんですがね」．
　喜納さんは娘の言葉を横取りしたように，続けて話し出した．「怖かったのですよ，あの時分は．徴兵検査の時に大変な騒ぎもありましたよ．指を切ったりなんかしてね，そうそう，糸満の人は耳を切りました．大変なことでしたよ」．
　「そんなことがあったんですか？」「その人たちは兵隊に行きたくなくて切ったんですか？」検診班班員全員が注目して質問した．
　「もちろんです．徴兵忌避ですよ．しかし僕はそんなことはしなかったですね．行くならば行こうと思っていました」．彼は語調を強めて自分のことを『僕』と言った．
　私は私の父のことを思い出した．私の父は明治34年生まれ，87歳で亡くなったが，若い頃名前が鈵重だから，「丙ちゃん」と呼ばれていた．しかし徴兵検査で「丙」だったので，「丙ちゃん」ということもあったらしい．本人は決して「丙」だったとは言わなかったが，「丙ちゃんは脚気のために『丙』になったんだって．良かったよね」．母がよくそう言っていたのを思い出す．戦争中のことだったからそんなこと言ったら，そ

れこそ不忠者と言って引っ張られたに違いなかった．私の父の兄と母の姉は長男本家の夫婦だった．彼らの長男は私には兄のような存在のいとこである．戦争もたけなわの昭和18年のことだった．彼は「医者になりたい」と言って静岡から上京して医科大学を受験した．当時医大へ行くと卒業するまで徴兵が免除されたのである．「卒業するまでに戦争は終わるだろう」と彼は考えていたに違いない．彼の夢は果たせなかったが，徴兵検査では体格が優れず，不合格になったのを内心喜んでいたに違いない．

　私は彼より5年年下で，小学校6年で終戦を迎えた．1歳上の中学生は学徒動員で軍事工場へ行って，武器を作っていた．そこでよく空襲に見舞われ空襲で数多くの先輩学生が死んでいった．私はいとこの夢を果たして医者になったが，小学校6年生の私でも戦争に行くのが恐かった．こんな若者たちは皆女々しくて臆病だったのだろうか．

　私たち琉球大学病院グループでは，沖縄百寿者の調査をすでに20年にわたって行っている．しかし喜納さんほど達者なヤマトグチ（日本語）を話せる沖縄の百寿者には出くわしたことがなかった．

　喜納さんは明治18年4月10日，那覇市の泉崎の生まれである．尋常小学校の後，2年間の高等小学校を卒業した後，代用教員を経て，小学校の教官を40歳まで勤めた．沖縄戦の終結した年に定年の60歳を迎えたが，その時まで沖縄県庁の職員だったという．

　彼は徴兵検査には反対のようだが，「行くなら女々しくなく男らしく」が彼の心髄のようである．『甲種不合格』とはなかなか皮肉な表現である．

　そこには戦争反対・徴兵反対の気持ちが込もっているように感じられてならなかった．

　彼は若い頃はきっと体格も良かったであろう．現在でも身長140 cm，体重52 kg，百歳老人としては体格が良い方である．最近でこそ足が弱くなったので，あまり出歩かなくなったという．

　家は那覇市内であるが，繁華街ではなく安里川の上流にあるので，首里城のある首里地区内である．30 mほどの坂道を登ってから，同じく30

mほど下った坂の途中に彼の家がある．下りきったところに滝がある．
2，3年前まではこの坂を登って滝の反対側まで出かけた．そこには琉球
和紙の研究をしていた沖縄の反戦平和論者の1人だった勝　公彦氏の家
があって紙漉きをやっておられて，そこへよく出かけたとのことであっ
た．
　そこへは県内県外から多くの人たちが見物見学に集まった．そこでは
彼が甲種不合格の話の花を咲かせる．それは百歳を生き抜いた彼の心な
のだ．それによって彼は奇跡にも沖縄の戦火をも潜り抜けることができ
た．まさに名誉の甲種不合格なのだ．

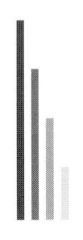

百年の夢

　「ホテルの廊下は長いので歩くのに時間がかかります．最近足の力がないんですよ」喜納さんは足に目をやった．しかし101歳にしては細くなったとはいえしっかりとした足取りである．去年も1昨年も那覇市内のホテルで開かれた退職公務員の総会に1人で行って出席したそうである．
　「退職公務員会とか，退職教職委員会とかあるでしょう？」彼は長いこと公務員として教職にあったのを私は知っていたのでこのように話を切り出してみた．
　「教職員じゃなくて，公務員全体の一緒の会ですよ」と座り直しながら，喜納さん自身解説してくれた．
　「歩くには歩くんですけど，とっても遅いものですから車椅子を借りてきたんですよ．しかし，それを嫌うんですよ！」と娘のカンナさんが言ったのを聞いて，喜納さんは不満そうに答えた．
　「もう2回も行ったから，もう行きたくないよ」
　「今年はなぜ行きたくないのですか？　歩くのが困難だからですか？」私は車椅子が嫌いだからなのかと思って質問した．
　「仲村会長がね，倒れてね．もういないからね」喜納さんはとぎれとぎれに話し出した．
　「会長は警察部長上がりでね．あの人は次男なんですよ，長男もおったけれどね」
　仲村さんは那覇警察署の本部長であった．かつて私の患者でもあった．1昨年にはペースメーカー植え込み手術を受けたが，昨年88歳で米寿のお祝いをした．仲村さんは外見上は非常にしゃきしゃきしているように見えた．ことに頭が冴えており，老人会の役員や退職公務員会の会長，ペースメーカー友の会の沖縄支部会長，沖縄社会福祉協議会の委員など

を勤めていた．それだけに世話好きで，「いつまでも世の中の役に立つ人間であること」をモットーにしていた．健康に関してはことのほか関心があり，健康増進のための住民健康教育を沖縄県内のあちこちで率先して始め，この他各種の社会奉仕活動に熱心であった．会長はことに私の『百歳の科学』の話が大好きで何かと私が引っ張り出された．昨年は会長のお供をして，泊り込みで石垣島に講演旅行に出かけたのを思い出した．

「本当に惜しい人物でしたね．親切な方でしたね」仲村さんはいつもニコニコしていて，かつて警察署長とは思えなかった．喜納さんが白寿の時のことであった．「酒を飲むと，それに引っ掛けた詩を詠んでね．私の99歳（白寿）の時に私に詩を書いてくださって．感謝しています」と喜納さんが言った．「それから親しくなったんだよ」

私は喜納さんに向かって半分は同意してくれたらいいなと思いながら，「私達はこのようにして百歳のおじいちゃんやおばあちゃんから，長生きの教訓をいただいているのです．それらをもとにして，元気で長生きするためのコツをあちらこちらの地域の皆様に話をしているのですよ．本当は喜納さん自身が行って話してくだされればよいのですが」．

「ああ夢のようですねえ．だから私は詩を詠んでいるんです．『人生百年夢幻の如し』というのを聞かれたことがありますか？」うまくかわさ

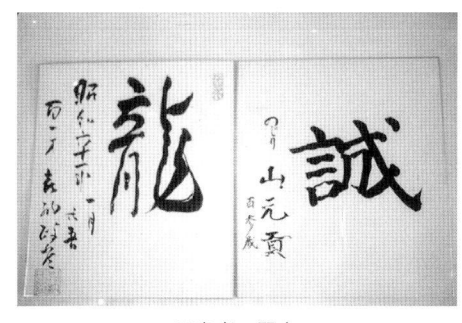

百寿者の習字
左：沖縄県喜○政○さんの習字
右：宮崎県山○貢さんの習字

沖縄県の百寿者
喜○政○さん

れてしまった．
　「あれは私が詠んだんですよ！『いつの間にか年とりにけるもう一度　思えば悲しい昔懐かし』まあちょっとした詩なんですがね」しかし，少し上気して顔が赤味を帯びて見え，ちょっぴり照れているようにも見えた．彼はやおら色紙を出して，「龍」の文字をすらすらと書いて私にくださった．かつて教育者であっただけのことがあって，なかなか立派な書体であった．われわれ調査員チーム一同，宮崎県の百寿者山元さんから送られてきた「誠」の色紙と並べて感心することしきりであった．

無言の叫び

「私はおばあに悪かったような気がして、今でも迷っているのです。私のしたことは悪かったのでしょうか？どうも気分が晴れないんですよ」。陽○さんはおばあと2人で住んでいた。彼女はおばあの長男のお嫁さんで、66歳になった。おばあとは直接の血のつながりはない。仏壇の前に1人でぽつんと座ったまま考え込んでいる様子で、私の到着を待ちかねていたようであった。そして彼女の同意によっておばあの解剖が行われたことを悔いているようであった。この解剖は沖縄百寿者では初めての解剖例であり、沖縄の医学界にとっては画期的な出来事であった。沖縄では後世（グソー）での生活におもきをおいている風潮から大学病院ですら病理解剖への家族の同意をえるのが困難であるのに、ましてや家族（門中）の誇りである百寿者の身体に傷をつけるのは極めて困難である。したがって過去3000人にものぼる百寿者の解剖例は一例もなかった。

彼女の心の痛みはなかなかとけなかった。「あんなにきれいな死顔だったのに、口が開きっぱなしになって···」「『世の中に役に立てたのだから、供養になりますよ。』おばあがきっとそう言っていたと思いますから、きっと極楽往生ですよ！」。私はそういって彼女を慰めた。

おばあは1901年2月15日生まれ。正確には99歳と6ヵ月、数え歳では100歳であった。24歳と28歳で計2回結婚した。二番目の夫の職業は運送業、子どもは二人いたが、今は全員他界してしまった。

おばあは以前1992年に胸椎7番目の圧迫骨折、1997年に右大腿骨頸部骨折で入院したことがある。しかし負けん気の強い人で、自力で歩行できるまで回復した。ところが1998年に今度は左大腿骨頸部骨折になり手術を受けることになった。それまでは長男と嫁と孫との3人暮らしであり元気そのものであった。しかし退院後もリハビリに励んで、電動歩行

器で自力で移動できるほどまで回復していた．その間に長男が死亡し，孫は独立して本土へ行ってしまったので，長男嫁と2人暮らしになったのである．

　2000年6月38.5℃まで発熱し，血液の酸素飽和度は87.4％まで下がったので，近医で胸部レントゲン写真をとった．しかし肺炎の所見はなく，気管支炎の診断のもとで6週間の入院となった．この間ペニシリン系とセファロスポリン系の抗生物質が断続的に点滴で交代して投与された．一旦は解熱したが，再び39.0℃に熱発し，少々の痰が出たので，再度胸部レントゲン写真をとった．相変わらず肺炎の陰影はなかった．ところが下痢が1日5〜10回でるようになり，それが10日間も続いた．7月3日，本人が希望して退院したが，その直後から37.0℃に発熱，2000年7月6日再度近医を受診した．顔色がよくないとのことで，血液の酸素飽和度が測定された．その結果酸素吸入の状態でも酸素飽和度が78％と下がったので，医師のすすめで病院へ戻ることになった．しかし今回も胸部レントゲンにははっきりした肺炎の所見はなかった．白血球も7700で顆粒球が80.7％と多い他には炎症所見はなかった．血液の総蛋白は5.8 g/dl，アルブミンは2.8 g/dlであったが，中性脂肪が122 mg/dlであって，必ずしも顕著な栄養不良状態ではなかった．おばあは点滴と酸素吸入を受けていたが，食事は少量ながら経口で摂取はできていた．排尿が不便なので膀胱にカテーテルが入れられた．入院3日目には酸素飽和度が93％まで回復したが，38.8℃とかえって熱が上がった．尿の培養で大腸菌が検出された．しかし白血球増加がなく，自然に解熱したので，今回は抗生物質は用いられなかった．おばあはスプーンを用いて少量ながら食事を経口摂取できるようになった．2週間後またも38.4℃発熱，痰が出るようになり，ペニシリン系抗生物質が2日間用いられ，解熱した．ところが入院の24日目にまたも38.4℃に発熱した．今度は血液培養で細菌を検出され，8日間セファロスポリン（抗生物質）を用いて細菌を駆逐できた．ところが突然全身浮腫が生じ，おばあは死にたいと言いだし，食事の経口摂取を拒否するようになった．白血球7700であったが，ヘマトクリット22.3％，血小板60000，尿素窒素34 ml/dl，総蛋白3.8 g/

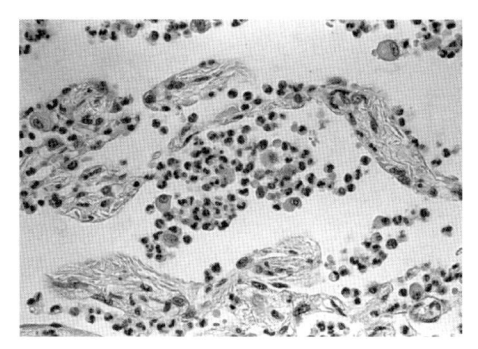

おばあの病理解剖の組織所見（肺）
肺胞に軽度の白血球細胞の浸潤が認められる（拡大率 400 倍）

dl，アルブミン 1.5 g/dl，と著明な栄養失調状態になった．そこで点滴と経管栄養が始められた．静注の利尿剤で浮腫がとれてきたが，家族からこれ以上の延命措置をしないように申し出があり，点滴などを抜管した．それから 2 週間，食欲が多少でてきて少量ながら経口摂取ができるようになって解熱し，血圧も 130/84，血液の酸素飽和度も 94％と小康状態を得ていた．ところが 8 月 14 日に下痢，血便が起こり，数時間後，突然死亡した．

　解剖の所見では肺炎は特になく，両上肺野に中等度のアントラコージス（炭粉症）と気管支炎があるのみであった．肺の組織標本にみられる白血球の浸潤が死亡直前に見られた．急性肺炎所見ではあるが，これが単独の死因になってはいない．心臓は 180 g で冠状動脈は 3 本とも動脈硬化も石灰化もなかった．心筋にリポフスチンの蓄積とわずかなアミロイド沈着があったが，心臓の 4 弁ともに石灰化も変性もなかった．大動脈は高度の動脈硬化があり石灰化していたが，動脈瘤はなかった．腎臓は動脈硬化だけで，アミロイド沈着は軽度にあったが，糸球体の 90％が正常で，若年者に近い所見であった．肝臓，膵臓，脾臓，子宮，卵巣にはいずれもほとんど異常を認めなかった．下血の責任箇所として大腸の憩室の破裂が認められた．胃の粘膜の厚さは通常 0.3〜1.5 mm であるが，おばあの胃は 2 mm もあった．さらに回腸も 1.5 mm と厚く，高齢者特

有の粘膜萎縮はまったくなかった．それによっても100歳に至るまで消化管が健全に活動していたことがわかる．これが健康長寿であった証拠を示しているように思えた．

　おばあの最後のとどめをさした全身浮腫は低アルブミン，つまり低栄養であったといわざるを得ない．一生懸命介護してくれた家族の人たち，夜昼努力をおこたらなかった医師や看護婦のCareに感謝しなければならないが，おばあは入院しなかったら，そして自由に生活していたらもっと長く生きていたかもしれないのである．

　解剖の所見からはおばあのとどめを指した病変は見つからなかった．しかしそれによって病理学的に健康百寿の全貌が明らかになったと思われる．おばあは何も手を加えずに自然に生きていたかったのかもしれない．しかしそれは彼女には許されなかった．彼女にとっては周囲の人たちの好意が反って仇になった．それに抵抗して自ら生命を閉じたということもできる．おばあは何回もの入院に飽きたのであろう．しかも点滴だの，導尿だの，鼻腔経管栄養だの，酸素吸入だの，毎日毎日の臨床検査等などであった．それらが摂食拒否になり，点滴拒否になり，延命拒否になったと思われる．管を抜いてから，しばらく経口摂取する意欲が出てきたのだから，おばあは何にも言わなかったけれど，少なくとも痴呆ではなかったのでは？自宅へ帰りたかったのかもしれない．そのストレスから大腸憩室の破裂を導いた．おばあは敬老の日の表彰を目前に，8月17日に逝ってしまった．もう我慢し切れなかったのであろう．おばあの無言の叫びが聞こえる．「私はこんなに元気だったのだよ．これが百寿者というものぞ」．そして一言「満足死でありたかった」．それをおばあは身をもって示してくれた．私はおばあに本当の百寿を見たような気がした．

　「こんなにおばあのことを思いっきり話せて，気が晴れ晴れしました」．「誰も聞いてくれる人がいなかったのです」．涙を浮かべる陽○さんに後ろ髪を引かれながらおばあの仏壇に頭を下げて家を後にした．その後，陽○さんからは何度も感謝の手紙が届いた．

あやかり文化

　人間はただ長生きするだけでは意味がない．「元気で長生き」のためには病気にならないことが大切である．図1は1999年の年齢階層別の外来患者数を人口対で全国と沖縄県との間で比較したグラフである．全年齢層で，ことに75歳以上で，外来の受診者数が沖縄では本土に比して明らかに低くなっている．沖縄は医療過疎だから受診が少ないと考える方がおられるかもしれない．しかしその場合の対象は離島僻地のことであって県民の大半は沖縄本島住民であるから，その考え方は妥当ではない．むしろ沖縄の老人は一般に「元気である」と考えるべきである．

　ところで，WHOでは健康には身体的，精神的，社会的健康の3拍子が揃わなくてはならないと定義している．つまり寝たきりではなく，ぼけていないのみならず，社会的にも健康でなくてはならないのである．社会的健康に関しては個人によってレベルが異なるが，少なくともQOL（生活の質）が高いレベルで長生きしなければ得られないことである．

　長寿には自然環境のみならず，社会環境条件が成人病の背景因子としてより一層大きく作用している．各種のストレスは，ストレス自体の種類や物理的大きさなどの他，受ける側の個人の条件としてのストレスへの感受性が異なること，しかも，感受性は個人をとりまく生活背景によって，経時的に大きく変化することなどによって，一様に定量的表現をすることはできない．しかし，概して沖縄では自然環境でも社会環境でも，他地域に比較して相対的にストレスが少ないと考えられる．また，沖縄では人生の艱難や各種のトラブルも地縁・血縁による相互扶助の風習や習慣から意図しなくても自ずと回避することができる．現在の沖縄では日常生活は概して平穏無事であり，基本的には生活には事欠くことはほとんどないであろう．さらに精神的軋轢やストレスも比較的少なく，軽

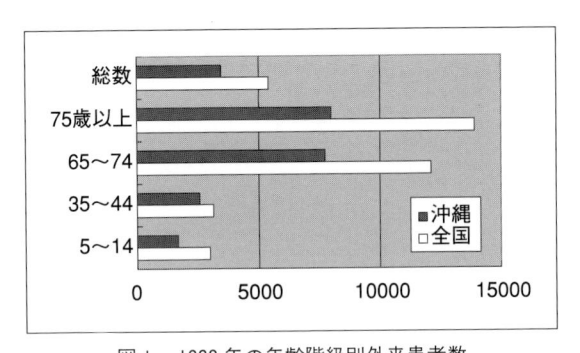

図1　1999年の年齢階級別外来患者数
外来（人口10万対）
(2000年度厚生労働省「患者調査」データによる)

度である点も心豊かに生きることにつながる．さらに，沖縄では見かけ上，ただ単にのんびり屈託なく日常を過ごしているように見えるかもしれない．しかし彼らを直接に訪問して，日常生活やライフスタイルについてじっくり話し合ってみると，彼らが優れた生きがいを持ってポジティブに活力豊かな人生を送っている生涯現役高齢者なのである．

　健康長寿には文化的背景が重要な関わりを持っている．ことに，社会的健康には人々の持っている人生観や死生観がQOLを大きく左右するから，そこにも健康長寿の要因を見い出すことができる．長寿の祝いのなかでは85歳の「トゥシビー」と97歳の「カジマヤー」が特に大きなお祝いなのである．このお祝いには門中や郷友会や友人をはじめ数多くの人達がつめかける．結婚式より盛大で500人以上の人が来るのもざらである．この際，長寿者が長生きの祝いを受ける一方，祝いに参集する人々は長寿者からの杯を賜ったり，長寿者が人生の達人として何か霊的な，呪術的な要素を持っているとの考えから「アヤカリチクミソーレー」と言いながら長寿者と握手したり，肩に触れて声をかけたりするだけでも長寿にあやかることを願えるのである．一方，これらは老人が後世（グソー）へ行くための一種のリハーサルともいわれている．その儀礼を行うことによって死への扉を徐々に開いて，グソーへの旅立ちの心構えができてくる．これは人間の死への恐怖を和らげるのに大いに役立ってい

るように感じる.

　人の死は肉体と霊魂の分離という一つの通過儀礼と考えることから始まる．つまり，死亡するとマブイ（霊魂）がその場所に残るわけである．入院して死亡すると，死亡場所にマブイが残るために病院や病床はマブイで満員になると考えられている．そこで，マブイを定位置に移さなければならないことになる．そうしないと迷った霊魂は正規のお墓に入れないまま，この世に迷ったままになってしまう．そこで，「ヌジファ」という抜魂儀礼が行われる．患者が死亡すると，ヌジファ施行のお願いの申し入れが出される．病棟内や病室で行われる場合は病棟婦長の許可が必要である．ヌジファの方法はいろいろあるが，基本的にはいずれも同じである．原則として死亡したベッドサイドでお供え物をしてマブイが定位置に落ち着くようにお祈りをする．ユタにお願いすることもあるが，主として門中（一族）の長老の女性がこれを仕切る．同室の患者や病棟看護婦もそれを積極的に勧める者さえいる．現代の病院医療はいかにも機械的であるので，人の心を大切に考える医療のあり方として，決して一笑に付すわけにはいかない．ところで，この場合まっとうな死に方をした場合には定位置に収まることができるが，まっとうな死に方をしない人は，例えば自殺や事故などによる死の場合は，まっとうな死に方をしないからあの世でも宗教からも疎外される．

　非常に興味ある点は，死亡後マブイが残るという観念である．したがって，死亡後も肉体を離れた霊魂は，家族といつも一緒にいて寝食を共にするのである．そして，門中のお見合いや結婚式など，門中の冠婚葬祭の一連の主要行事や村のお祭りなどの地域行事などにも同席する．16日祭（グソーの正月）やシーミー（清明祭）などでことあるごとに，頻繁に門中がお墓の周りに集まって家族・門中が楽しく談合し，食事をとり，一緒に飲んで踊ったりする風景をよく見かけるのである．よく家のすぐ側に主家よりも大きいお墓，つまりマブイが入る別宅がある．この観念は，マブイが門中や地縁の人々の心の中に生き続けていると考えれば理解しやすい．死後49日を経ると死者へのウムイ（思い）は次第に人の心から遠ざかるかもしれない．確かに，33年も経てば思い続ける人々もな

あやかり
トートーメーの前で踊るおばあ．看護師とともに
（米国新聞オレゴニアン紙掲載写真）

くなってしまうからであろうから，非常に合理的でもある．グソー（あの世）に到達するには33年を要する．そして，マブイは初めて「祖霊」になるわけである．

　人は死んでも，霊魂はその場所に残っているので寂しくはないのである．こうした考え方に疑問を持っている人でも，心の底ではその観念をまったく否定しきってはいない．こうなると生から死への移行は，徐々でかつ連続的なのである．したがって安心して死ねるという考え方が健康長寿につながるのではなかろうか．このように，医療の実践は科学的基準のみでは律しきれないもので，文化的要素，人間の感情の問題も重要である．

　沖縄の長寿は世界的にも非常に有名になった．このように考えると医学と違って，医療科学や保健学は，自然科学に加えて人文科学的要素も多分に含んでいる．そこで，沖縄長寿を探るために医療関係者のみではなく，文化研究者・研修者やジャーナリストなどが日本本土からだけではなく，米国からもたくさんやって来るようになった．

　百寿者にはオレゴニアン紙の新聞の見出しに掲載された赤嶺さんのように非常に楽天的で快活である（図2）．これがまた一つの元気な長寿のコツではないかと思われる．彼女は息子を祀ってある仏壇の前にいる．「艱難をいつまでもくよくよしても仕方ない」．太平洋戦争で息子を失っ

たものの，かえって収容所で米国人の温かい思いやりに心を打たれたと言って，来沖した米国の研究員に積極的に握手を求めた．

　沖縄の長寿は沖縄人の独特な感性や伝統的人生観や物の考え方にも大きく根ざしているといえる．

台風を楽しむ

「せっかく用意したのでおいでください．なんなら早くいらっしゃってもよいですよ」．マカさん宅からの連絡であった．当日は百寿者検診の予定が立っていて，午後2時半に自宅を訪問する予定であった．ところがあいにくの特大の台風が襲ってきたのである．台風だから迷惑をかけてはいけないと思い，電話して延期を申し込んだ結果がこの返事であった．この種の検診は事前に手紙を送って，受診希望の承諾を得てから行う．健康な人たちを対象とするので，病院で待ち構えて行うのではない．むしろ診させてもらうのだから，われわれが当然延期になるものと思っていたものだから，検診の支度をしていなかった．そのためとっさに準備をすることになった．しかし街は台風に備えて，その対策のためかざわめき立って何となく慌しく落ち着かなかった．暴風警報が出されて下校となったので，小学生，中学生，高校生たちが道路にあふれていた．警報というものは安全を第一に考えて，早めに出される．しかし，雨足はまだ激しくはなかったが，風が強くなりかけていて，道路上に散らかった木の葉や葉っぱのついた小さな枝がぐるぐる踊ったり，風に吹き流されていた．ところが不思議なことに学生達はバスを待って家路を急ぐのではなさそうであった．傘を持っていないものだから，かばんや本を頭にかざして車の前を走り抜け，何となくウキウキしてはしゃいでいる様子であった．

「よくいらっしゃいました．どうぞお上がりください」．79歳の娘の米子さんと103歳になったマカさんがわれわれを迎えてくれた．マカさんは矍鑠としているばかりか，上品な人で，おばあというのはあまり適当な感じではなかった．耳はやや遠いものの大和口（日本の標準語）は達者であった．「今日は早いね」．マカさんが突然孫に声をかけた．中年の男性が戸口に立っていた．孫といっても50歳あまっていて（沖縄方言で

過ぎている)，役所の職員で当日は台風で早引けになったそうである．

　マカさんは芭蕉で有名な大宜味村生まれ．15年前の88歳の時に黄綬褒章を国からいただいたという．「芭蕉布」で同じく大宜味村の金城トシさんも2年前に同じ賞を受賞した．マカさんはその道での第一人者である．現役時代にトシさんに手ほどきをしたそうである．芭蕉布は芭蕉の繊維で糸を紡いでそれで織りあげた布である．芭蕉布の着物は涼し気で，暑い沖縄の気候に最適である．今日では芭蕉布は高級で，一反100万円をこすものもざらではない．

　「マカさんの長い生涯の生きがいはなんでしょうか？」いうまでもなく「絣結び」である．絣結びはマカさんの考案した独特の織り方である．居間の隣には彼女の仕事部屋が作られている．その部屋は居間の外に持ち出しの部屋として作られていて，周囲がすべてガラス越しになっている．表の道路からもマカさんの仕事ぶりが見らるようなディスプレールームになっている．部屋の中央には機織り機が設置されている．その前には彼女の座る腰掛があった．その日は，は透明なビニールが掛けられていた．以前は，その部屋に入るには膝の高さもある窓をまたいで入ったそうであるが，窓の高さに合わせて特製の手作りの踏み台が作りつけられていた．孫が考案して最近作ったそうである．

　マカさんは慣れたもので，踏み台を上って窓を難なく潜って，スピンされた糸巻きと4本になった横糸の入った笂を持ち出してきた．「これは良くない糸，4本一緒じゃないと織ることができない．良い糸は1本ずつ細くなっているので，きめが細かくて絣結びには良い」．マカさんは織りあがった布の端の繊維をつまんでひっぱって見せた．「芭蕉の糸はこのように1本ずつ引っ張ることはできるけれども，木綿の場合はできないよ」．マカさんの目が輝いた．

　いつもやっている百歳検診．手際よく診察，心電図記録，採血が済んだ時であった．突然のすごい音，家が激震した．突風が吹き抜けた．私は一瞬窓の外に目をやった．表の道路が真っ白になって，何も見えなくなっていた．私は恐ろしさを覚えたが，マカさんも米子さんも台風などお構いなしであった．「さあ，お茶でも召し上がって」マカさんはすっか

りユンタクを楽しんで，話に止まるところを覚えなかった．私達は研究室へ戻らなければならないし，研究室で血液を遠心処理したうえに，検体を那覇の検査所に運ばなければならない．検体は保存が利かないばかりか，少しでも早く試験開始が望ましいのである．台風が直撃して搬送できなくなったら，検体が何日も残されてしまう．検体は冷凍は利かないのである．気が気ではなかった．「もう，帰るの？　お茶でも飲んで．これはヤンバル（沖縄本島北部の山原地域）採れたてのみかんよ」マカさんの話は名残惜しくも尽きなかった．そこで静香助手を1人残すことにして，私と千晶助手はマカさんの勧めを振り切って，後ろ髪を引かれるままに路上の人とならざるを得なかった．静香助手は自宅が近いのでマカさん宅から直接自宅へ帰ることが容易であったからである．殴りつけるような風と雨に車が左右に大きく揺れて，その都度ハンドルを取られながら，ほうほうのていで研究室に戻った．危険なので6時にバスを止めるとの予報がラジオから流れた．

　最後のバスらしかった．買い物袋を持った家庭の主婦やOLたちがバス停に詰め掛けていた．千晶助手はけなげにも，雑用処理に追われている私を尻目に一足先に研究室を出た．ところが道路に出てみると，わずかの時間に状況がすっかり変わっていた．横なぎにされたままの木々は髪が逆立ちになったようになって引きちぎられそうになって唸っていた．道路では車の間を這うように風と雨が吹き抜け，真っ黒な空からぶちまけたような雨が横殴りであった．「しまった．千晶を行かさなければ良かった」．これは緊急事態である．反省しきりの私は，たまらなくなって千晶に携帯電話をかけた．夕方6時30分であった．もう大学を出てから2時間も経っていたので，当然自宅に戻っている頃であった．「ものすごい車の渋滞ですね．しかし大丈夫ですよ．これからSRL（臨床検査センター）に行きます」．けろっとした声．私はホッとしたものの，心配はますます募るばかりになった．「無事に帰ってくれればいいのだけれど．きっと家の人達が心配しているだろうに」．それから1時間経った7時30分，「無事帰宅しました」．の声を期待しながら再度携帯電話をかけた．「大丈夫ですよ．車がほとんど渋滞したままで，まだ那覇市内ですよ」．さすがに

疲れた声だった．台風になると本土ではじっと台風が通過するのを待って，街はひっそり静まりかえる．しかし沖縄では，不思議なことに台風になると人々や車がいつになくたくさん路上に出て，街が騒がしくなる．道路が渋滞して，動かなくなる．

　毎度のことながら翌朝になっても台風はまだ本島近くに停滞していた．台風は歩くようなスピードになって，なかなか去って行かなかった．台風が1週間も沖縄のまわりをめぐったこともある．大きな岩がごろごろ飛んできた．わが家の後ろには急な崖がある．一抱えもある岩が崩れ落ちて崖の途中に転がっていた．私はとても危険で外出ができず，家に待機していたところ，病院の電話交換手から連絡を受けた．「患者さんが一杯きてますよ」．そそくさと支度をして車を歩かせた．「車を歩かせる」という言葉は車を運転して走らせるという沖縄の方言であるが，ここではゆっくり注意して運転するという意味で状況にピッタリとあっている言葉だと私は感心しながらつぶやいていた．市内は意外に落ち着いたもので，もうすでにあちこちに街路樹や飛ばされた看板などを片付ける人たちが忙しくしていた．

　驚いたことに病院には最近来院していない患者まで来ていた．お母さんに同伴して幼稚園生から1年生ぐらいの子どもまで，患者としてではなく，付き添いとしてでもなかった．学校が休校だから，家にこもっているよりも久しぶりにお母さんと一緒に外出したのであろう．30年も昔のことを思い出す．琉球大学病院時代のことであった．台風が来るたびに停電でもないのに，エスカレータをストップしなければならなかった．なぜなら台風が来ると病院が遊園地化するので危険だったからである．

　「今度の台風は大きかったですね」．外来待ちの人々が挨拶を交わしていた．風速60メーターにもなったのである．人々はケロッとしたものである．台風が風速60メーターになっても沖縄では台風に慣れっこになっているためか，本土みたいな人的被害はきわめて少ない．しかも台風は生活に必要不可欠なものである．したがって沖縄の人々は台風も自然の恵みの一つとして考え，自然の神に感謝して，与えられた環境で生活をエンジョイしているように思えるのである．

沖縄初の百寿カップル

　嘉手納といえば沖縄の米軍基地として名をはせている．本島中部にあって，東シナ海から太平洋に向かって大きな滑走路が本島を横切っている．屋良は嘉手納町の中心部の嘉手納ロータリーからほど近く駐機場に面しているので一日中爆音が響いている．爆音というよりも身体にビリビリという響くような振動になっている．近くには飛行場内を見下ろせる安保の丘があって，反戦デモのときはごったがえす人波となるだけでなく，常時観光タクシーが訪れる．
　真○城松，マ○ト夫妻の自宅はモルタル造りの新築された一軒家で，日本本土的なスレートぶきの住宅であった．小さな門構えはあるが，入り口が狭く水道管のコックがそのスペースに飛び出していた．検診に行った我々の車がひっかけて車のバンパーがへこんだのを覚えている．
　彼らは2人とも1883（明治16）年6月生まれで，我々の訪問した時は共に100歳であった．夫婦は百歳を迎えたカップルとして沖縄で戸籍上で認定された最初のケースであった．沖縄ではカタカナの「マツ」は女性，漢字の「松」は男性の名前である．松さんは6月29日生まれ，マ○トさんは6月5日生まれで24日の年上であった．松さんは嘉手納町屋良に，マ○トさんは同町池武当）に生まれた．2人とも同じ農家に雇われており，そこで知り合って結婚した．2人は親戚関係ではない．松さんは沖縄戦の時は70を越えていたので，兵役は免れた．しかし沖縄戦は戦烈を極めたが夫婦共に戦火をくぐり抜けて山原（沖縄本島のコザ以北地域全体を指す）へ逃げて，生き延びることができた．終戦直後2人は石川の収容所で生活した．その後現在の屋良へ戻って自宅を建て，2人暮らしが始まった．松さんは農業を営みながら製糖工場に70まで勤務した．以後はきびと野菜づくりに専念した．マ○トさんは松さんが製糖工場に行って

いる間は畑仕事を行っていた．松さんは4人姉弟で，当時弟が86歳で生存していた．マ◯トさんは6人兄妹の5番目であるが，4人の兄と妹がいるが，すでに全員死亡している．子どもは1人で女性，当時70歳であった．しかし他家へ嫁いでいるので同居してはいなかった．

　松さんは生来タバコを吸わなかったが，マ◯トさんはいつからか1日2～3本吸うようになり自分で外出してタバコを買いに行っていた．しかし100歳になってから転倒したために歩行が不自由になり，家の中でも起立できずほやほや（いざる）ようになったので，外出してタバコ屋に行くことができなくなった，やむをえず禁煙することになった．その後買い物はもっぱら松さんの仕事となった．松さんが炊事・洗濯および妻の世話をしていた．ガスは危険なので，近所の人たちのすすめで炊事やシャワーは全て電気を用いるようにした．

　マ◯トさんは無口で，もっぱら松さんが応答した．松さんはとつとつとした喋り方であったが，言語障害や麻痺はなかった．「気をつけて古いものは食べないようにしている．3度の食事はいつも新しいものをつくって食べることが長寿のこつ」と云った．マ◯トさんの骨折の経験から転倒がことに怖いらしくて，「いつも転ばないように注意している」と強調した．100歳を迎えた年，1993年11月18日にマ◯トさんが老衰で死亡した．松さんはその後も自立しており自活でき，2年後に死亡するまで独居生活を送った．

夫婦よりそって百歳に，一升瓶に2合の米

「ただでは百歳まで生きられないね」と，おじい（牛さん）が診察を受けているそばでおばあのカマドさんが言った．「さあ，おじいの診察終わりましたよ！今度はおばあの番ですよ」．カマドさんは手を横に振って，どうしても検診は受けない，と言う．「今年は私が受けたのだから，おばあは勘弁してあげて下さい」とおじい．昨年も訪問検診に訪れたことがあった．おばあがちょうど百歳になった時であった．「検診が心配で，昨夜から寝付かれなかったんです」と，おじいは急に小声になってぼそぼそと言った．

昨年から夫婦の周辺が騒がしくなった．県や市町村の職員，本土の大学などからの調査団，検診班，巡回診療医師，新聞，ラジオ，テレビの報道関係者らがひっきりなしに訪れるとのこと．一昨年嘉手納町に百歳夫婦が誕生した時以上のお祭り騒ぎだ．昨年のことであった．東京の某テレビ局のプロデューサーが100歳同士の夫婦がいることを聞きつけて，レポーターとカメラマンらの一陣が本土から乗り込んできた．彼らのあまりにもむつまじい夫婦仲に感じ入ったようで，「この夫婦の秘密は」という観点から，2人の生活が生放送されることになった．人気タレントによる人気番組であったので，多くの視聴者が放送の最中に画面を見て続々と駆けつけた．彼らの家の前に延々と長蛇の列ができた．それからというものマスコミだけでなく，観光スポットになりそうになった．その後は「物珍しさを求めて二度とテレビにきて欲しくない」が口癖のようになった．私たちが「百歳老人検診」を行う場合には，沖縄県庁老人福祉課や地元市町村役場を通して申し入れを行う．その際，検診の承諾は，役場の福祉担当職員や民生委員の熱心さに負うところが大きい．我々の地元の大学病院チームによる健康チェックも断られたが，民生委員の隣

100歳カップル
仲睦まじい100歳同士のカップル（牛さんとカマドさん）

人の伊礼さんがあまりにも熱心なので，それでほだされて今回だけ承諾したということであった．牛さんは，「もっと静かに二人で生活を楽しみたい」とつぶやいた．

「また写真を撮るの！」と言いながら，おばあはおじいの側にちょこんと座って，笑いながらポーズをとった．2人寄り添って元気に収まった光景は，見事であったが，それは我々の勝手な満足であって，本人達はむしろ迷惑に感じているようにさえ思えた．「大騒ぎしないで，そっと二人きりで静かに生活させて下さいよ」と言うおじいとおばあの気持ちが滲み出ている光景であった．

　座○味カ○ドさんは1885（明治19年）○月○日の生まれ，今年101歳であり，夫の牛さんは1886（明治20年）の生まれで検診の時点では99歳であったが，誕生日の8月15日で100歳になり，沖縄では2番目の100歳カップルとなった．現在二人だけで具志川市赤野に住んでいる．カ○ドさんは具志川市栄野比の生まれで，牛さんが24歳のとき結婚した．親戚関係ではない．2人ともキビと野菜の農業を88歳まで営んでいた．戦後，一時沖縄県宜野座村漢那の収容所住まいをした以外は赤野から出たことはなかった．2人とも元気百寿者である．牛さんは7人兄妹の末子である．カ○ドさんは5人姉妹弟の中間で，現在も98歳の妹と97歳の弟が生存している．牛さんは98歳のときに県立中部病院で前立腺肥大の手

術を受けた．それ以外は特別な既往歴はない．おじいは，若い頃から全くタバコを吸わない．おばあは若い頃は吸わなかったが，60歳のとき，長男が死亡した時にタバコを覚え，1日10本ほど吸っている．現在でも毎日二人でする近所の散歩が日課となっている．掃除や炊事は二人で助け合って行うが，元気で自立している牛さんが主として行っている．微笑ましい慎ましい老夫婦なのである．六人の子供のうち次男が生存しているが既に高齢で，隣人が主として彼らの面倒をみており，週2回役所から派遣された家政婦がお好みの食餌の材料を買って届け，民生委員も頻繁に来訪して見舞っているそうである．お風呂は薪で沸かし自分達で入浴し，隣人が介助を申し出ても恥ずかしいからといって断りつづけている．

　牛さんは「私たちが長寿にあやかることができたのは年寄りも大事にしたため」と言った．牛さんは長男ではないので，自分の両親と同居していなかったし，両親の面倒をみることはなかった．若いころ近所の老人の世話をよくした．そのときのことを言っているらしかった．「3合瓶にいっぱい入れたら米はつけないが，2合いれればつける．その要領でご飯を食べることが大切だ」一升瓶に米を入れて棒でつついて手で精米した昔を思い出しながら喋っていた．腹八分が大切であることを比喩を用いて説いたのであろう．また欲張らない人生を説いているようでもあった．いずれにしろ彼らは裕福な家庭ではなかったようであるし，戦後の混乱期の沖縄の事情から，満腹の食事は無理であったのであろう．最近でもそれを守り続けているのは，生活の知恵でもあったと思われる．

　「おじい，おばあ元気でね．また会いましょう．」おばあはほっとしたように，タバコを右の人差し指と中指の間に挟みいかにもうまそうに吸った．そしてニコッと愛嬌をふりまいた．

ろうそくが消えるように

　○貞さんは1884(明治17年)に，相撲取りを父に，9人兄妹の三男として沖縄県西原町桃原に生まれた．日露戦争に出征，帰国後1年年下の従妹と結婚した．30歳でペルーへ移民，妻は30歳で男児1人，女児2人を残して死亡した．末娘は戦争死し，他の息子と娘は現在，75歳と61歳でそれぞれアルゼンチンと西原町桃原に生存している．○貞さんは72歳で帰沖し，戦争未亡人である28歳年下の現在の妻と再婚した．

　彼は91歳まで野村流琉球古典音楽の教師であった．現在でも生活に不自由なく，自由に歩行して外出できる．西原教会へ毎木曜日と，日曜日に通っており，牧師と一緒に家庭訪問を行う．お説教が得意でそれを生き甲斐としている．

　筆者らの訪問を待っていたかのように，「若いでしょう」と言わんばかりに自慢の妻（74歳）を紹介した．「神様，今日は私たちにこのように若い優れた人たちを遣わせてくださり，感謝申し上げます．私は，神を信じ，神の思し召しで生きています．」とお説教が始まった．「神様のお恵みでこのように若い妻に恵まれました．若い妻のお陰で長生きできます．妻と長く，うまくやるのが長生きのこつ」と淡々と語った．最後に感謝の気持ちを表して「アーメン」と唱え，一同神妙に聞いた．

　「毎日5分間の全身体操と，庭の散歩と，散水を日課としている」と語った．我々検診チームの看護婦が一同に茶碗にお茶を注ぐと，「礼儀を重んじなさい．お茶はホストが出すべきだ」と○貞さんの口元が引き締まった．検診を進行させるために看護婦が「すみませんが検査をするので尿をとってください」と声をかけた．「すみませんではない，お願いしますと言うべきだ．ウチナーンチュー（沖縄の人）は言葉の使い方を間違っている」とやや興奮気味になった．これをきっかけに再度お説教

に拍車がかかって，代用教員時代の話から若者の道徳教育まで話が発展し，とうとう2時間におよんだ．「お疲れでしょうから」と，話のスピードがゆるんだすきに検査の進行を促すと，「真剣になれば疲れなんか感じない」と答えた．陽が傾いて薄暗くなり，大学病院の検査可能時間を過ぎたので採血を断念し，「また参りますので」と言うと，「明日も来るのか」と元の優しさに戻った．「必ず来てくださいよ．言い出したら聞かないから」と言って妻がそばから目配せした．

お説教するおじい
検診グループにお説教をする

　たまたま，沖縄で開かれるシンポジウムでのパフォーマンスとして琉球古典音楽演奏のお願いをしようと機会をうかがっていたが，話を切り出すことができなかった．最後に，妻をとおしておそるおそるお伺いをたてた．「長く座っているとむくむので短い時間でないと」と妻が口添えをした．本人の拒否はなかったが，即答は得られなかった．暇をみて話しをするということであった．

　その1ヵ月後，前日まで教会を訪問し活発だったが○貞さんは活動が止まるとともに，周囲に知られずに旅立っていった．11月3日のシンポジウムの前の日であった．蠟燭の火が消えるとは彼のようなことをいうのであろう．

百歳でプロポーズ

　○完さんは1884年（明治17年）10月30日申年生まれ．佐敷町伊原の農家の出身，男兄弟はなく，1人の姉と5人の妹がいた．現在は，92歳になる妹が1人生存している．小学校は4年生まで出ているので文字を読むことは出来る．明治38年，日露戦争の時21歳でハワイに移住して農業に携わった．10年後（大正5年）に自転車と懐中時計と懐中電灯を持って帰沖した．彼らはそれらを3種の神器と云っている．それは当時の沖縄では，いずれも珍しい物ばかりで，懐中電灯にいたっては「くれー，いくさどぅぐるやさ（これは戦争の武器だよ）．」といわれた．「昔はうーまくー（腕白）で喧嘩が好きだった．」当時，ハワイには家族ぐるみの移住が多かった．一旦，帰沖して8歳年下のカメさんと結婚した．31歳の時であった．再びハワイへ移住し，妻は彼を追ってハワイに渡った．2男4女に恵まれたが，次男は1922（大正11年）年49歳で肝臓病で死亡した．次男の息子にあたる孫はハワイに残った．戦争中は沖縄南部の激戦地となった佐敷村にいたために激しい戦闘にみまわれ，いたましいことに，帰沖した妻（61歳）と長男と3人の娘を沖縄戦で失った．末娘は現在も不明である．

　終戦直後，再婚したが3年後には気が合わないということで離別した．彼女は栄養不良で61歳で死亡したということである．その後8歳下の女性と仲良くなり97歳まで同棲していた．生来タバコは全く飲まなかったが，酒が好きでことにビールは欠かさず，85歳までは毎日6缶も飲んだと言うことである．陽気な性格で，来訪者を歓迎しお喋りや冗談を欠かさなかった．85歳までは佐敷でキビ作りの農業をしていたが，85歳で痔の手術，88歳で右白内障の手術を受け，畑仕事が次第に困難になった．次第に自活が辛く思えるようになったので，97歳の時に次男嫁が引き取

ることになり，具志川市宮里に移った．この際，佐敷の土地，家屋を手放したようである．
　1985年（昭和60年）8月1日，100歳の時であった．検査技師と看護婦（Nさん）を同行して我々医療チームが自宅を訪問した．当時，○完さんは次男嫁とその次男と同居していた．彼はおじいの孫にあたる．血圧130-80，脈拍76，検診の間は神妙にしていたので，無口なおじいと思っていた．「おじい，上等ですよ．」「上等」と云うのは沖縄では最高の誉め言葉である．途端に堰きった様に喋りだした．それまでしゃべらないように我慢していたのであろう．方言なので私には何を云ってるのか理解出来なかったが，看護婦が驚いた表情をしたのを覚えている．まさに声をかける機会を待っていたようでもあった．彼女が後で恥ずかしそうにこっそり通訳してくれた．「結婚は楽しいよ，わたしと結婚しない？」．なるほど，彼は彼女に会うなり一目ぼれしたのである．何となくそわそわして胸が高鳴っているようでもあった．
　彼女は20年前に私が勤務した病棟では特に目をひいたスマートでピカイチの美人の看護婦であった．その数年後であった．私がペースメーカーの植え込み手術を行ったときは，手術室勤務で私の行う手術の機械取りをしてくれた．私は外科医ではない．今でこそ循環器内科医が手術を行うのは常識的であるが，当時としては内科医の手術は奇妙な目でみられたものである．今は，私の率いる地域医療部の外来看護婦長になって数十年になる．彼女は沖縄の方言が堪能である．沖縄方言はうちなー語と云われて，日本本土の方言と全く異なっていて，日本語と対等といわれるほど異なる言語体系を持っている．沖縄には日本語が全く通じない老人が現在でも沢山いる．彼もその1人である．
　杖をついてはいるが，300mほど離れた甥の家に嫁と一緒に歩いていき，とくに目薬などの買い物をしてくるのが日課となっていた．また，鎌原の病院へも時々歩いて通っていた．
　「眼鏡があわない．」と云いながら彼自身指で目を開けてみせた．右目は，角膜が混濁していて視力の矯正が不能と思われたが，左目は視力が充分あって近づけて物を見ているものの，新聞の大きな活字が読めた．

テレビは相撲の番組を見る程度であった．世間の出来事に興味があると言ってラジオのニュースを欠かさずに聞いていた．ラジオの民謡番組がことに好きであった．また，ラジオに合わせてラジオ体操を行った．三線(サンシン)は昔は弾いていたが最近はやらなくなったそうである．食事は腹八分と言いながら，何でも食べ，ことに野菜と肉が好きであった．ひげそりは人にやって貰うことを嫌い，安全剃刀を用いて自分でゆっくり時間をかけて行っていた．「お風呂は熱感があるから嫌い．」入浴は大きなたらいを用いていた．

　1年後の1986年（昭和61年）5月23日，101歳になっていた．1年後に同じメンバーで自宅を訪れた．「待っていました」と言いながら，真っ先に看護婦の手をとって小躍りした．驚いたことに1年経っても彼女が彼の脳裏に焼き付いていたのである．「若い頃は首里に行った，芝居が好きでよく行った．そこからは得るものが沢山あった．若い人達に昔話を聞かせて，馬鹿話をして笑うことが楽しい．それに結婚は楽しいよ．」ここでまたまたプロポーズの話がでる雰囲気になってきた．「また，冗談を言う．」嫁がたしなめたので話しをここでいったん中断した．「あまりお喋りすると嫌われるから，黙っている方が無難だ．」真面目な顔になった．遠慮がちに断続的に「今の人々は贅沢をして，物を粗末にする．後々が心配だ．」「長寿の秘訣は食事を3食とって，腹八分にして，少量ずつ採ること．野菜を多く採ること．」「元々は太っていて60 kgだったが，昨年は鎌原の病院の先生に体重を減らすように言われて，減量したので52.5 kgになった．」「泉重千代さんは120歳だ．仁徳天皇110歳まで生きたんだから，110歳まで生きてぽっくり逝きたい．」「英国の皇太子が日本に来たと言う話しだね．彼と一度会ってみたいね．」

　2年後の1987年（昭和62年）7月10日，102歳になっていた．満面の笑みを浮かべて，手を叩いて私たちを迎えた．「看護婦さん，まだ結婚しないね？」（結婚していないのですか？の意味）「顔の輪郭は判るが目に膜が掛かって次第によく見えなくなって来て残念だ．」「毎日佐敷の夢を見るよ．友達との楽しい日々のことを．」相変わらず自分で安全剃刀で髭を剃っておしゃれをする．「風邪もひかないよ，このように健康だ．」と

プロポーズ
103歳○完さんがプロポーズ（National Geographic 掲載写真）

言いつつ積極的に検診を受ける．「今でも色気があって昔の話をするんです．」次男嫁が話しを先取りした．「85歳まではよく遊び，若者を上げたりしては，楽しんだものだ．」毛遊び（昔の若い男女が夜集まって，三味線に合わせて歌ったり，踊ったりしたりしたこと）の話になる．「佐敷に好きな人がいた．彼女は現在94歳になるが，健在だと思う．彼女の話を出来る人がいなくなって寂しいよ．」「まだまだ，気持ちは17,18歳．」胸を叩いて見せる．「目と耳さえ丈夫だったらまだまだ働ける．こんなにぶらぶらしていないよ．」

沖縄で「男で自分より年上の人はいるかね？私は日本で何番目かね？女では最高齢者は何歳かね？」長寿記録への意気込みが伺えるようになった．

3年後の1988年（昭和63年）5月20日，103歳になっていた．「待ってました」彼の歓迎の第一声である．看護婦の手を真っ先に取った．「白いかを食べたら身体がびくびくして茶碗を落とすようになった．」「体の中から白い煙が上がって来るみたいで，急にすぅと倒れそうになる．」ゆっくりと立ってトイレへ行く．歩行は特に小幅になりパーキンソンようになった．視力の低下による可能性もある．「病院へ行くのが嫌になったので，1週間前にユタ（沖縄の霊媒師のようなもの）を呼んで拝んでもらっ

内緒話
看護師と内緒話をする○完さん

た。そうしたら佐敷の土地を売った時に二つの井戸を売ってしまったのでご先祖に悪いことをしたと言われた。しかし，病気ではないので，拝んでもらったら少しよくなった。」
　「仁徳天皇も応仁天皇も110歳，それまでは生きたい，しかしそれは神様が決めることだからわからない。」入浴は相変わらず自分で入るが30分もかかるという。最近肉を好まなくなって，豆腐，野菜などが主体となった，甘い物を好み，砂糖豆をよく食べる。
　6年後，1993年（平成3年）9月4日，106歳になっていた。自宅を訪問。「待ちかねていた」と顔をほころばせる。相変わらず彼女を捜し求めているようであった。しかし，以前に比べて行動が少なくなった。しかし三食欠かさず食べる。沖縄独特のゆし豆腐を好む。ニュースや沖縄民謡などのラジオ番組を聴く。
　7年後，1992年（平成4年）10月，107歳になった。地域医療センターの研究生でアメリカから来たジャーナリスト，アン・スタナウェイさんが我々のチームに加わって参加した。一緒に自宅を訪問する。彼は若い頃，ハワイにいたので英語が得意だと言う。"Number One!"　右人差し指で"1"を示しながら何回も。ハワイと沖縄に孫3人と曾孫5人，玄孫3人がいることを話す。彼は士族の尚巴志の子孫であることを誇りであるといった。「若い時に競馬の騎手をやった。昔話を出来る人がいなく

なって寂しい．」色っぽい話が相変わらず好きだ．平成4年12月きんさん，ぎんさんが沖縄に来訪した．彼女らの前でかちゃーしー（沖縄の踊り．主にお祝いなど，めでたい時に踊る．）を踊った．

　8年後，1993年（平成5年）4月9日，108歳
この年から急に元気がなくなってきた．うたた寝をすることが多くなった．手を引かれてトイレに行く．自分からは「一日も長く生きたい」とは言わなくなった．

　9年後，1993年（平成5年）12月2日，109歳
面倒をみている次男嫁が腰痛をわずらい十分なケアができなくなったので屋宜原病院に入院させた．「ここはトイレが遠いから嫌だ．うれー天命，なまー死ならん（これは天命だ，しかし今は死ねない）．」早く家へ帰りたいといった．人参，卵，蜂蜜入りのドリンクを飲む．

　10年後，1994年（平成6年）10月30日，110歳
孫がアメリカから帰ってきて，"Happy birthday"を祝うことになった．納豆，蜂蜜，焼き芋を食べる．

　11年後，1995年（平成7年）9月8日，110歳
好きな民謡を歌ってきかせてくれた．我々からは質問はしなかったのに，「90歳まで毎日3km あるいた．歩くことと，よく噛んで食べるのが長寿の秘訣だ．」我々に諭すように話を始めた．こうして1995年10月30日に満111歳の誕生日を迎えた．

　1997年（平成8年）1月24日風邪をひいてH病院に入院した．112歳であった．特にとりたてた前兆はなかったそうである．翌朝看護婦が気がついた時には死亡していた．痰がつかえて窒息したらしかった．艱難にもめげずに思うままに生きた一生であった．

命果報（ぬちがふう）

　天○さん宅は沖縄戦の激戦地であった糸満の白銀堂の近くにある．現在は住宅密集地にあって狭い路地の奥にある．しかし屋根のある門で両開きの格子戸になっている．玄関のドアを開けるとすぐ客間兼居間が現れる．天井が低く，背の高い人なら手が届くほどである．正面に大きな仏壇があって，お寺に行ったような錯覚を受ける．彼の和装がいっそうその雰囲気をかきたてた．

　天○さんは当時 102 歳であった．本名を由本と云い，19 歳下の妻と同居していた．

　彼は 1897 年 2 月 4 日波照間島の農漁業兼業家庭に生まれた．本名由本(ユイホン)といった．

　1904 年（7 歳）父親が 40 歳で事故死したため，姉 2 人と養父母をしていたいとこの子供 2 人（女の子）と由本を含め 5 人を母親が女手一つで養育せざるを得なくなった．由本は 10 歳で小学校 4 年を卒業した．1910 年（13 歳）の時は母親の苦労をしのびず，住職岡本雲山を頼って石垣島に渡りお寺に住み込んだ．体力があったので，製糖工場の線路工夫の見習いになった．

　1914 年（17 歳）で教員をしていた叔父の薦めで巡査試験を受けたところ合格．6 ヵ月の講習を受け，3 年間巡査として警察に務めることになった．彼はなかなかの文芸に秀でた青年であった．生活の傍ら趣味を生かして覚えた三線を弾いて，トバラマ大会に出て優勝した．トバラマは八重山地方独特の，しかも最も有名な民謡である．この民謡には特定の歌詞がなく，男女がかけ合いをして即席で自分の感情や気持ちを表現して歌い上げるもので，年 1 回石垣島で大会が開かれのどを競い合う．声だけではなく，表現の豊かさや感性が評価される．彼は体力に恵まれてい

天○さん
自宅の仏壇の前で三線を弾く天○さん

たので，徴兵検査を受けたところ，見事に甲種合格した．軍人の給料は良かったし，また軍人になることが当時の若人の夢であった時代でもあった．応募が多かったので，二次選考をすることになった．その際くじ引きで選ぶことになったが，残念ながら彼は落選した．うさばらしに那覇の遊郭によく通ったそうである．

彼は石垣島で第一回目の結婚をしたが，子供ができなかった．この女性は50歳で戦争死した．1922年（25歳）2番目の女性と重婚（当時，子供ができないときは一般的に重婚が許された）．この女性の連れ子2人実子5人を養育することになった．30歳頃，鹿児島の供応寺の浅野じょうずいを頼って師事した．じょうずい師は住職であり，かつ剣道道場の指南をしていた．しかし事情により天台宗から真言宗へ改宗した．それに伴って，彼は高野山で修行することになった．二番目の妻は70歳で心臓病で亡くなった．その後3番目の現在の妻と結婚して，男1人，女1人をもうけた．したがって，子供は全部で10人となった（全員健在）．戦争中は石垣島に帰って，火葬場の陰坊をやっていた．

1945年（48歳）の時のことである．石垣島で米軍の空襲にあった．敵機グラマンにより低空で機銃掃射を受けた．使用人達は火葬場の釜の扉を開けてその中へ逃げ込んだので助かった．足の遅い母親は逃げ切れなかったので，機銃掃射によって，瀕死の重傷を負った．母は虫の息の下

で遺言を残した。「もう助からないだろうから三線を引いて慰めてくれ。」そこで由本は今なお毎朝母親の面影を感じながら、赤馬節を三曲を弾くことにしている。赤馬節は同地方の典型的な祝いの歌である。

　1946年（49歳）、石垣島から沖縄本島の豊見城村に出てきて、お寺の住職になった。おつとめに走り回る日々が続いているうちに、気がついたら100歳になっていた。現在は連れ子と実子が結婚してそのお寺を継いでいる。彼は100歳になってからも現役で活躍し、法事などのご指名を受けて、時間刻みでの仕事となった。夜は三線の教師をした。しかし、それは自分の技を少しでも多くの人に伝えたいとの心からそうしたのであった。おつとめ以外に、講演の申し込みが殺到した。頼まれると世のためになることと考えて断らなかった。東京のNHKののど自慢を出演し、「トバラマ」で数回合格の鐘を鳴らした。審査員の高木氏から「今まで聞いたことがない種類の歌」であるという評価を受けたそうである。

　1998年6月19日101歳の時であった。私が九州農村医学会を学会長として那覇市の「てぃるる」で学会を開催した時に、彼に特別講演を依頼した。彼は快く引き受けてくれた。

　私は沖縄で30年来多くの百寿者と語り合っている。その際100歳を生きる「生きがい」についての話題が登場する。しかしいつも彼らをその話題に引き込むことができなかった。なぜなら「生きがい」に対する沖縄語の適訳がないからである。沖縄語の言語学者や沖縄の学識経験者から、沖縄の長老の人たちからも「生きがい」の沖縄語に関して質問したが、名答は得られたことはなかった。そして未だにない。そこで標準語を流暢に話せる彼にそれを求めたのである。しかし彼はしばらく考えた末、「やっぱりないな、しかし命果報がそれに近いかな！」そこで彼の提案によって「命果報（ぬちがふう）」のタイトルで1時間特別講演を行うことになった。百寿者が医学会で特別講演をしたのはこれが世界で最初の出来事であったと思われた。講演は彼の奏でる見事な三線の演奏で講演の幕を閉じた。拍手喝采を浴びた。

　2003年の冬106歳の時、従兄弟である当銘由金（トウメユウキン）さんの97歳のかじまやー祝いが那覇市のハーバービューホテルの大宴会場で開かれた。500人

講演会
100歳のとき医学会で特別講演をする天○さん

　もの出席者があった．その時彼はタクシーに乗ってかけつけそれに出席した．私は同じテーブルに並んで彼の隣の席に座った．彼は昔と今のかじまやーの違いについてとうとうと語り，最近の祝い事のあり方について批判を述べた．

　2001年104歳の時，妻が子宮ガンで死亡した．私は糸満の老健施設のさくらピアを訪問した際に偶然にも同施設に入所している彼に会った．入所の理由は家事の面倒をみる人を失ったためであって，特に麻痺はなく，関節の障害や歩行障害も認められず，また明らかな内臓障害もなかった．相変わらず頭脳明晰であったが，彼は「昔のように体が思うように言うことがきかない」と言った．享年107歳で老衰で死亡した．
既往歴はマラリアを15歳と27歳で患い，それによって右眼を失明した．95歳の時左眼白内障手術を受けた以外特別な病気をしていない．

　嗜好としては喫煙　49歳まで7〜8本/日，養命酒を毎日少々飲んだが，健康のためだそうである．祖父が酒飲みで家族が困らされたので，いわゆる酒は飲まないことにしていた．

　健康のため黄な粉，牛乳，蜂蜜，豆腐，野菜を多くとるようにしていた．

　趣味は多く毎朝母の面影を感じながら三線で母の面影を抱きながら赤馬節3曲を弾いている．また琉歌をたしなむ．書道も毛筆が見事で何回

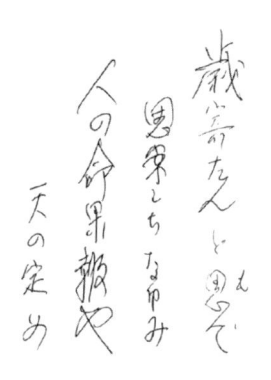

いきがい
いきがいについて質問を受けたときの天○さんの即席琉歌

も入賞している。声は大きく響き，マイクを必要としないほどであった。石垣島のトバラマ大会で優勝，さらに東京のNHKののど自慢で合格している。若い時から続けているものとして剣道があった。
健康の秘訣としては，自分で自分の健康を守ること，無理な運動は身体をこわす。母の兄が相撲取りで内臓破裂で早死にしているので，少なくとも相撲取りにならないよう母親から諭された。彼の主義は腹六分。自然に感謝することである。彼の言葉によると「音楽は健康の要」「怒らない」「"性"に興味」をもつことが健康長寿の秘訣である。
　「生き甲斐」に相当する沖縄の方言について質問したところ，次のように答えた。「適当な言葉はないが，命果報（ぬちがふう）がそれに近い言葉でしょう。命果報は天の定めのようなものであるが，それは必ずしもしっくりした言葉ではないけれど」と結んだ。さらに，自分の考えを琉歌に託して即席で書き上げた次のような自作の琉歌をしたためてくれた。
　<u>歳寄たんと思て　思案しちなゆみ　人の命果報（ぬちがふ）や　天の定み</u>
　その和訳は「歳をとったと思って，思い悩むな，人の命果報は天の定めるところである」。

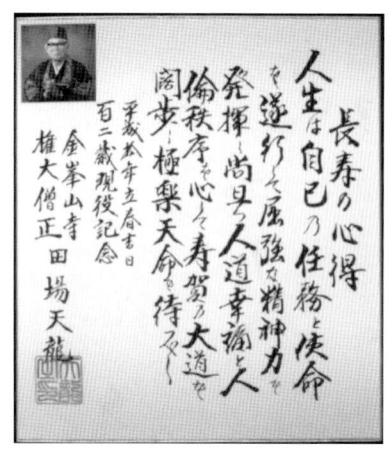

天○さん色紙
102歳の天○さん自筆の色紙

さらに訪問の証しに色紙にしたためた教訓をいただいた．彼の色紙には次のような教訓が書かれている．（写真）
長寿の心得
人生は事故の任務と使命を遂行して屈強な精神力を発揮し
尚且つ人道幸福と人倫秩序を心して寿賀乃大道を闊歩し
極楽天命を待つべく
平成拾年立春吉日
百二歳現役記念
金峯山寺　権大僧正
田場　天龍

頼まれたことは断らない

　浦島太郎が故郷に戻ったのは，竜宮城に行った後，8百年から8千年経ったと想像されている．すなわち長い長いタイムトンネルをくぐり抜けて，彼の年代よりも遥かに後の世に来てしまったのである．沖縄百寿者の場合は，そんなに違和感が感じられない．しかも，現世とそんなに隔絶されてしまったという感じもない．それは，彼らが連続した世界に住んでいるからである．高齢になればなるほど，身辺の家族や友人は，当然少なくなるであろう．このようなことは，誰しも老人になれば味わうものである．周辺の人々が減ってゆくたびに，寂しく感ずるのは誰しも当然であるが，その時に現世に違和感を感じ，それが次第に高じて厭世的になれば"慢性浦島症候群"にかかったといえる．

　20年前のことである．その冬は特別に寒かった．雪のちらつく日が多かった．80歳を超えてから私の父と母が寒さに耐えかねて沖縄へやって来た．寝具やら生活用品を大量に持ち込んできたし，近所にもお別れの挨拶をしてきたのであるから，人生の最後の期間を沖縄で送るつもりできたのである．しかし沖縄にいながら，こたつの中に一日中閉じこもる事が多かった．「沖縄の冬は東京より寒い」と，母がしきりに言った．「東京へ帰りたい」と毎日のように云うようになって，父を説得して「せめて三月まで」と云う我々の引き止めるのも聞かずに，とうとう東京へ帰って行った．なるほど，80年もの間，肌に馴染んだ東京の気候に比べて，沖縄の気候に違和感を感じたのはよくわかるが，多くの友人と離れたための心の寂しさを，「沖縄の冬はうら寒い」と，肌の感覚として表現したものと思われる．ことに年寄りには遠い親戚より近くの友人なのである．

　本部(モトブ)半島に住む渡○地○瀧さんは104歳になった．97歳の時に妻を亡くした．3人の子供はそれぞれおじいを引き取ることを申し出た．しか

○瀧さん
料理中の○瀧さん（オカァまかせだった料理は 90 歳を過ぎてから覚えた）

し，彼はそれを断った．「独り暮らしのほうが誰にも気がねをする必要がなくて気楽だ」彼は口癖のように云った．「鈴木先生元気かね」電話から彼の声が響いてきた．「明日は病院にいくからね，病院のお迎えのバスだと無料だからね，うちに来るのは明後日にして！」我々の調査訪問の予約の電話には本人が直接出る．本部半島の彼の部落から名護の病院へは車で 30 分はかかる．彼は病院へは具合が悪いから行くのではない．彼の健康チェックのためである．以前から 2 週間ごとのチェックを欠かさなかった．病院に着くと「おじい待ってました」と病院スタッフが迎えてくれる．病院の人気者である．具合が悪いときには自分で申し出て入院する．2・3 日たって具合が良くなれば自分から退院を申し出る．彼のかもし出す雰囲気が何ともいえない温かさをふりまくものだから，周囲の人々がそれにつられてしまうのである．沖縄の市町村には集落ごとに区長さんがいる．ここでいう区長は自治会長に相当する．村民の生活を見守る役割を持っている．ボランティアであるし，決して役人ではない．区長は毎日彼の生活の面倒はみていない．遠くから見守っているのであるから，一種のモニタリングである．「毎日のようにお友達が現れるよ．そしておじいの畑からおみやげをもらっていくようで．」区長さんからの

○瀧さんの著書
「102歳のロビンソン・クルーソー」

情報であった．「キャベツが良くできているから，どうぞご自由に持っていって」これはおじいのお世辞ではない．

毎日の出来事が刻銘に彼の日記に書かれていた．朝6時に起きて，畑にいく．菜っ葉の種を蒔き，オクラとキャベツの収穫をする．朝食はご飯と大根の味噌汁．自家製のニンニク酒を少々．それから当日収穫のオクラとキャベツを自転車に乗せて小売に行く．帰りに肥料を一袋買っておかずのグルクン（魚）を買う．午後は友人が来て昔話をした．夕方は魁皇（彼のひいきの相撲とり）を応援する．夜は三線(サンシン)を弾く．明日の予定はキャベツの先にニガナの種をまく……．何のへんてつもない日記ではあるが，この日記が私の監修による"102歳のロビンソンクルーソー"の本となった．200ページほどであるが，つい吸い込まれて2時間ほどで読みきってしまう．

彼の3人の子供は名護，那覇，大阪に住んでいる．彼らはたまにしか来ない．友達と近所の人々が毎日といわず始終訪れるので，安心できるのである．「淋しくないよ！友達と三線があるから」ニンニク酒を我々に振舞いながら．「大事なことを教えよう．頼まれたことは断らないこと．

これは今からではだめ．若い時から心がけることが大事さ．そうすると自然によいユイマールができるんだよ」互助のコツを教わった．

　昭和50年から60年に至る11年間に，我々琉大チームが訪問調査した167人の沖縄百寿者のうち，配偶者が生存していた者は7人のみであったが，子供が一人以上生存していた者は133人，独り暮らしの老人は9人のみであった．ホーム老人は25人であった．もちろんホーム老人は，独り暮らし老人の数に入っていない．

　百歳老人でも，年々在宅老人が減って，ホーム老人が増えてきている．ことに，独り暮らし老人は減ってきている．なぜなら，矍鑠老人の比率が減って，痴呆や寝たきり老人が増えたから百寿者のユイマールがままならないからだ．矍鑠老人になるためには，「心の豊かさ」を保つことが大切である．そのためには，世代の異なる家族の同居よりも，同年代の友人の方が，大きな役割を演じているといえる．

はなしの人生

　20年も前のことであった．東京の某テレビ会社番組制作部のSレポーターが来沖され，琉球大学付属病院の口腔外科の教授と私のところへ来られた．「長生きのコツは歯が丈夫である」と題して，テレビに百寿者の健康な歯を映し出したいと企画であったと記憶している．キャンペーン番組の親会社は某製菓会社であるから，チョコレートかチューインガムを宣伝したい腹づもりであったようだ．ところが歯がそろっていた百寿者はあったであろうか？　数本の歯が残っていて，「歯が残っていますね！立派ですね！」とほめた覚えはあった．百歳老人の多くの人々は歯が全くないか，入れ歯を持っていても使っていないのである．
　1978～79年の琉球大学地域医療部の渡辺敦子助手が，歯にとくに注目して検診した22人の沖縄百寿者について，調査できなかった5人を除く17人について，歯の残存状況を調査して，その結果をまとめた．歯が残っていたのは6本が1人（5.9%），2本が1人（5.9%），1本が1人（5.9%），他の14人が全く歯がなかった．また，義歯を使用していたのは彼らのうち2人（2.8%）のみであった．彼らには100歳から110歳が含まれていた．しかしそれは今から30年も前の百寿者たちのデータである．そこで新しいデータとして2004年沖縄県庁が発表した新百歳者241人の調査結果を表のようにまとめてみた．その中で最高に歯の残存していた人は26本であった．それこそTV画像には「メッケモノ」であったといえる（表）．
　今は8020運動が話題となっている．それは80歳になっても20本，自分の歯を保とうというキャンペーンである．成人の歯が通常32本であるが，乳幼児の歯は20本である．切歯と臼歯の機能は当然異なるが，人は歯が20本あれば義歯がなくてもほとんど咀嚼に支障はないということで

百歳者の歯の残存状況

本数	1978年-1979年 沖縄県在宅百寿者	2004年 沖縄県新百歳者
0本	14人 (82.3%)	210人 (87.1%)
1-5本	2人 (11.8%)	19人 (7.9%)
6-10本	1人 (5.9%)	6人 (2.5%)
11-19本	0人	5人 (2.1%)
20本以上	0人	1人 (0.4%)
合計	17人 (100%)	241人 (100%)
不明	5人	11人

あろう．

　虫歯は奥歯の方がかかりやすい．奥歯がなくなって前の歯でもぐもぐと口を動かしている人をよく見かける．前歯ではうまく食べものを噛み砕けるものではない．元来，歯の機能は，前歯と奥歯とは異なる．奥歯は食べものをすり潰す働きがあり，前歯は食べものを噛み切る働きをする．しかし，日本語ではどちらも「噛む」という．しかし英語では奥歯は「チュウ」し，前歯では「バイト」するのである．これを間違って使うと，大変奇妙になる．チューインガムは「チュウ」するのであるから，奥歯で噛むものなのである．

　しかしほとんどの百歳者は無歯である．義歯の利用状況を調べたところ約50％が利用していないことがわかった．義歯では構語や咀嚼に違和感があり，せっかく義歯があるのにはずしている人が多いのである．「歯がないのでしたら，歯茎や顎が丈夫なのでしょうか？」Ｓリポーターが質問した．百歳者は，前もって食べ物を細かく刻んでから食べる人も多いが，多くは肉でもそのまま食べてしまう．丸飲みするのではない．結構よく噛んでいる．歯ではなく，確かに丈夫に鍛えられた歯茎を持っている．

　咀嚼は単に食物を噛み砕いて消化酵素を多く含んでいる唾液とよく混合して消化をよくするだけではない．食物の味わいを高めたり，脳血流

を高めて脳の活動を活発にしたりして，人のADLを高めて人生を豊かにできる．沖縄の百寿者はチョコレートより黒砂糖が大好きである．黒砂糖にはCaをはじめとしたミネラルの含有量が多い．しかしここでは黒砂糖の効用を述べているのではない．味覚は舌の味覚神経を経由して感ずるが，その感覚は人によって異なる．甘党の人も辛党の人もいる．そしてその人独特の風味，味わいは味覚神経からの刺激をもとに脳がその人独特の味覚を再構築しているのである．したがって特有な甘味の感覚は子どもの時から生まれ育った生活の中から脳が覚えた感覚なのである．したがってチョコレートも黒砂糖も舌ではなく脳で食べるといえる．つまり美味とは脳の活動なのである．こうして歯は脳を賦活することになる．

　人は「ハメマラ」の順で老化するといわれている．ハとは歯牙のことであり，メとは眼球であり，耳をも含めた感覚器のこと，マラは魔羅（梵語のmāra）で男性の陰茎のことであり，性行動を代表する．いずれも人に生きる力を与えるものである．

　琉球新報に「老人の残酷物語」の題で記事が載ったことがある．人間の寿命は伸びたが，歯の寿命はかえって短くなっている．従って歯なしの人生が長くなったということである．歯の脱落は咀嚼に支障を来たすだけでなく，構語も不確かになってコミュニケーションがスムーズでなくなる．また，脳の血流低下から思考力の低下にもつながる．したがって，味わいや風味というような高級な味覚はなくなる．それに，視力・聴力・性欲だけでなく，認知能力も低下して覇気がなくなり，認知症や寝たきりにつながる．したがって，はなしの人生は残酷物語であるというのだ．この時の「はなし」はハとメとマラを代表しているから，「覇なし」の人生を指している．「ハ」のある人生とは生き甲斐をもつ人生のことである．残酷な人生にならないよう，健康な歯を保つよう心がけようではないか．

長生きしてはずかしい

　沖縄県北谷町の吉原はたいへん風光明媚な所である．眼下に米軍基地のキャンプレスターがある．東シナ海を隔て，慶良間列島が一望のもとに望まれる．コザにつづく小高い台地の中腹にカマおばあの家がある．4年前99歳の時のことであった．おばあがテレビを消すために立ち上がったとたんに，畳の上でころんで左大腿骨を骨折してしまった．県立中部病院で人工関節手術を受けた．「じっとしていては歩けなくなるよ」といって，主治医や看護婦の止めるのもきかず，術後すぐに退院して，杖をついて歩き出したそうである．以後庭の散歩が毎日の日課となっている．気丈なおばあで，若い時に痔をカミソリで切って治したことがあるそうである．

　「こんなに長生きしてはずかしい．どうしておじいは迎えにこないのかな．」周囲の人々にも聞きとれるくらいの声でいった．おじいの写真と仏壇がカマおばあの居間にある．そこに座っていると，お勝手が見通せる．娘や嫁がきびきびと仕事をしている．自分の思うままにお勝手仕事のできないもどかしさと，人の世話になるはずかしさがそういわせているのかもしれない．

　カマさんは，4人姉弟の長姉である．実の弟はフィリピンで戦死した．母親はカマさんの父親とは離婚して二度目の夫との間に一男一女ができたが，二人とも70歳でペルーで病死した．カマさんは2歳上の夫との間に6人の子供をもうけた．夫はカマさんが83歳の時に高血圧で倒れて亡くなった．長男は，37歳で南方で戦死し，今生きていれば78歳である．次男は末子で昭和3年生まれ，沖縄戦で死亡し一中健児の塔にまつられているという．当時15歳くらいであったろう．彼はカマさんが46歳の時の子供だそうである．したがって戦争終了時はカマさんは61歳という

計算になる．戦後 40 年を経た今日から年齢を計算すると，カマさんの百歳の年齢は正しいのである．年齢の正確性はこのようにして，丁寧に調べる．カマさんには，4 人の女児があって全部生存している．長女は 82 歳，次女は大正 3 年生まれであるから 73 歳，三女は 65 歳，四女は 59 歳である．末娘はカマさんの 41 歳の時の子供である．同居している家族の中では末娘のみが方言を話せるので，カマさんとの意志疎通は彼女を介して行われる．主に面倒をみているのは戦死した長男の嫁と，その三男にあたる孫夫婦であり，さらに 3 人のひ孫と同居している．しかし，彼らのいずれも方言が達者でなく，カマさんが耳の遠いこともあって，身ぶり手ぶりによる会話が主となっている．

　おばあには遺族年金が入る．「お金を早く持って来なさい」．札束を数え，「ドルだよ」といって，孫やひ孫にあげるのが楽しみだそうである．

神が歩かせている

　G・Sさんは103歳．現在70歳になる長男の嫁と二人で生活している．普段は宮城島に住んでいるが，この日は大学病院から我々が訪問することになっていたので，勝連半島にある孫の家に来て迎えてくれた．
　「老人クラブを欠かした事はない．煙草はふかすだけだけれど，話の間をとるのに良い」．煙草をうまそうに燻らせながら話してくれた．若い頃は煙草を口にしたことはなかったが，御主人が死亡した74歳の時から始めたそうである．彼女の御主人は若い頃日露戦争に出征したそうである．75歳で死亡したが，村会議員であったので，村では夫婦ともに顔役であったと思われる．沖縄本島，中部の太平洋上に細長く突き出て，勝連半島がある．その先端から本島と平行に，北方に向かってリーフの海上約5kmほど離れて，浜比嘉，平安座，宮城，伊計島と島々が並んでいる．現在，勝連半島の先端から天の橋立のような海中道路が平安座島へと延びている．平安座島には屏風状の山があって，手前の海中道路側に部落がまとまってある．山の後側と次の宮城島の間は埋め立てられて石油タンクが林立している．宮城島はほとんどが丘陵であり，主として二つの山から成っている．山塊の北側は，切り立った崖になっていて，次の伊計島との間に，約200メートルの狭い海峡がある．この海峡に赤いアーチ形の橋が架けられたのは，昭和57年のことであった．それまでは，伊計島は白砂の砂浜ともモクマオウの林と，ひなびた農家の点在する素朴な島であったが，最近は日曜ともなるとマイカー族がうなりをたてておしかけ，都会の塵にまみれようとしている．しかし，観光の波までが押し寄せていないので，まだまだ透き通った空気と海浜を心ゆくまで楽しむことができる．
　沖縄本島と勝連半島とこれらの島々の間が内海になっていて，金武湾

と呼ばれている．そのために，太平洋の荒れ狂う波濤を直接受けないですみ，湾内は静かな海が保たれて，沖縄本島の山並みを向かいにスイミングを楽しむことができる．

G・Sさんは34歳の時に，宮城島でただ一人のノロとなった．ノロはいわゆる呪祷者としてのユタとは異なって，村の公的な祭事を執り仕切る神聖な役柄である．現在も上原殿内（ドンチ）は，Gさんの責任範囲内にあり，お祈りと清掃と交流が日課となっている．往復2キロの山坂道を毎日歩く．「自分が歩いているのではない．神が歩かせているのさ」．

殿内通いは，雨の日も風の日も欠かせたことがない．手作りのソテツの籠(かご)が用意されて，家と殿内の周りはいつも手入れが行き届いているという．草はきれいに苅り込まれている．月に二回，ミズキ（本土では貢ぎという）をしてから村の祭事を行う．そしてお祈りは今でも3〜5分は行い，家人，村民の健康を祈り，外国へ行く人の旅の安全を祈る．また漁に出かけるものの安全・祈願をし，またキビ作りや農産物の虫バレー（虫はらい）も行っている．

コーヒーの木

　「貴方が面倒を見る必要はないのに，悪いクジを引いているね」気の毒そうにKおばあはつぶやいた．おばあは明治14年生まれ．現在104歳である．面倒を見ているOさんは，末娘の次男，つまりおばあの孫に当たる．Oさんはすでに54歳，町小（マチグヮ―）市場で肉屋をやっている．決して楽な生活ではない．なぜなら24歳の大学生を頭に，大学生3人，高校生2人，15歳の中学生まで計6人の子供を抱えているからである．家が狭いので，2週間前に那覇から豊見城へ引っ越して来たばかりである．引っ越して来た日から，おばあの様子が変わった．夜になると飛び起きて，「家へ帰る」と言って，真夜中に家の外を徘徊するようになったのである．

　今まではこんなことを言うおばあではなかった．Oさんは我々に「分裂症になったのではないですか？」と，真剣な眼差しで相談を持ちかけてきた．このおばあは元来大変気が強かった．自分がたとえ間違った事を言っても，その場では決して訂正したことがなかったそうである．

　今は名護市へ併合された太平洋岸に面した過疎地域である久志村の生まれである．本人が73歳の時に，夫に先だたれた．夫は77歳であった．彼らには4人子供がいた．例の頑固さで大変厳しく躾けたそうである．長男，次男，長女はいずれも若くしてペルーへ移民した．長男は熱病で現地で死亡した．他の子どもたちは全部ペルーに住んでいる．末娘のみがずっと沖縄にいて，現在78歳．学校長を定年退職した84歳の夫と山原（やんばる）に住んでいる．彼ら夫婦には7人の子供がいるが，現在米国や本土に住んでいて，わずかにOさんだけが沖縄に住んでいる．そこで彼ら自身ですら実娘であるOさんに面倒を見てもらうことが不可能で，ペルー帰りの姪夫婦の世話になっているのである．

おばあは気丈夫なので、夫の死後84歳まで、一人で山原に住んでいた。その時50歳代にペルーの孫娘が結核にかかった。そこでおばあが沖縄に引き取り、一人で看病に務めたが、その甲斐なく28歳で死亡した。それから5年間は、人が変わったように、家のことは何もせず、お墓詣りに明け暮れたそうである。85歳の時にOさん夫婦の所へ来たが、Oさんは肉屋を営んできたため、おばあは家政婦として欠かせなかった。百歳になるまで、色気たっぷりに、お化粧をして、スーパーマーケットへ出かけた。そして掃除をし洗濯をし炊事をし、家族の帰宅を待っていた。家事一切を仕切っていたのである。「屋敷に大きなコーヒーの木があってね。山原の生活が一番良かった」。おばあが云った。

　ミルクと砂糖をたっぷり入れて、一日に十杯もコーヒーを飲むそうである。それから1ヵ月、おばあはコーヒーの木を見ることはなかった。誰が悪いのでもない。老人には些細な環境の変化も極めて大きなストレスとなるのである。

ウートートー

　沖縄が長寿の1位の座を下りようとしている今日ではあるが，現在まだ女性が1位に踏みとどまっているのはまさに沖縄のおばあのお陰ということができる．ところで，世界の何処の国に行っても女性のほうが男性よりも長生きである．女性はそもそも神様が丈夫に造ったとか，女性ホルモンのせいだとか云って，構造の違いを主張する人もいるし一方では男性とは異なる立場，生活環境が生活スタイルの違いを主張する人もいる．それらの多くは医学的に支持されている．しかし，おばあの長生きはそれだけではなさそうである．そこで，社会心理学的に研究している東北大学の社会心理学の大橋教授の意見を参考にして考えてみよう．

　沖縄のおばあと話をしている時，感ずることはヤマトンチュにはなかなか入って行き難い世界があることである．彼女らには独特の風習と観念があって，これはウチナンチュの男性ですら同調しにくいのか，避けて通っている傾向があるように思われる．

　第一におばあは，自覚して行動しているわけではないが，ウヤファーフジ（祖先）とクァンマガ（子孫）を媒介しているという役割意識を潜在的に持っている．しかし，おばあは祖先崇拝の担い手としてウヤファーフジとクァンマガをつなぎ，家族を守っていると自負し行動している．各家庭には仏壇とは別にヒヌカン（火の神）が祀れている．これは竈（かまど）の神様の一種と考えられる．毎日がヒヌカンに手を合わせることから始まる．とくに，旧暦の1日，15日になるとヒヌカンとそれに続いてトートーメー（仏壇の位牌）へのウガン（祈願）を欠かさない．そこでは家族内に起こった嬉しいこと，悲しいことを報告して，家族への加護のお礼を申し上げる．続いて家族の困ったことや願い事を呟いて「家庭が円満であり，健康であり，成功しますように．」と祈る．つまりヒヌ

古波津清昇さん
100歳のカジマヤーの時の記念写真

カンは家の守り神，守護神なのである．ヒヌカンへの祈り言葉のことをグイスという．グイスには決まった文句があるようである．その1例をあげると次のようである．

ウートートゥガナシー　チューヤ　キューヌ　ジューグニチ　ヤイビーン　チャー　ウマムイジュラク　カキティウタビミソーチ　ウシディガフーデー　ビル　ウブクン　カジャヤビトウティ　ニチニチヌカンシャアギヤビーグトゥ　チャー　カゾク　（ユッタイ）　ウヤヒチャギ　クヮヒチャギ　シミティ　ウタビミソーチ　カティ　エンマンニ　カラダガフー　ウタシキティウタビミソーリー　（ウートートゥガナシ）

日本語に訳すと次のようである．

今日は，旧暦の15日です．いつもお守りくださいまして，ありがとうございます．赤飯をお供えして，日々の感謝をあげます．いつも家族4名，親子お互いに助け合いをさせてくださって，家庭円満に，健康にさせてください．

一方，トートーメーを拝むときには"般若心経"のような決り文句はないようである．ここでは主としてチムガカカイ（心配事・悩み事）を報告して「見守ってください，助けてください」と自己流で祈っている．この祈り方には形式はなく，自由であることに特徴があると大橋教授は述べている．最近はヒヌカンのウガンも簡略化され自由形式になっているようである．

　第二はグソー（あの世）の存在感が死の緊張感を緩和していることである．おばあは心配事，悩み事があるとユタのヤー（家）へ行く．ユタが祖先の霊を呼び出して語りかけ会話をする．その光景を見たり聞いたりするとそれがおばあの心に迫って自らがその世界に没入する．そしてあの世が現実感を持って迫ってくる．そこでは自分があの世に行ったとき，ウヤファーフジが喜んで迎えてくれる状態なのか気がかりになる．それはウガンブスク（祈願不足）かどうかで決まる．またあの世に行った時，現世の人々からウートートーつまりシービチ（ウガンをする）をしてもらえるかどうかが心配なのである．

　沖縄では干支の年，13歳ごとに成人祝い（トシビー）がある．つまり，13歳，25歳，37歳，49歳，61歳，73歳，85歳，97歳である．13歳の派手な衣装に着飾ったトシビー（成人祝い）を今もよく見かける．61歳の還暦は本土でも赤いチャンチャンコ（チョッキ）を着て行われている．沖縄では97歳は特にカジマヤーといわれ，結婚式より盛大である．門中，友人を集めてホテルの大ホールを借りきって行われる．人々は「誰それの成人祝い」やら「カジマヤー」の出席を楽しみにしているし，余興の準備に余念がない．カジマヤーは主として旧暦の9月7日に行われるが，紅型などの派手なカラフルな衣装をまとって，メインテーブルに座る．風車を前に立てる．子供に帰ったという意味である．続いてパレードを行うが，これには7つの辻と7つの橋を渡る風習がある．これはあの世に行く時に7つの辻と7つの橋を渡るので，あの世へのリハーサルと考えられる．今日，車社会になって自家用車でパレードするが，老人ホームでは車椅子でパレードする．こうしてあの世への準備は着々と進行している．これによって死の心構え，グソーへ行く心の準備

が整っていく。カジマヤー祝いに門中一同を代表して長男が作ったお祝いの本がある。この中のお祝いの曲の一節を次に紹介しよう。

花の風車
作詞　古波津　清昇　　作曲　照喜名　朝一

一、花の風車ん　軽(カル)く漕(ク)じ渡(ワタ)て　御万人の御思(ウン)頭(チヂ)にかみら
二、願(ニ)げ事ん叶(カナ)て　幸の浮世(ウチヨ)　豊なる御世(ミヨ)に子孫(ナシグァ)の栄い
三、賀寿舞哉(カジマヤ)の年ん夢(イミ)の間(マ)に過ぎて　子孫(ナシグァ)はい揃て　遊(アシ)ぶ嬉(ウ)しさ
四、心から姿　いちん若々と　120の御祝(ウエェ)　うかきみしょう

　しかしおばあの一生は生まれた時に始まり死ぬ時に終わるのではなく、ウヤファーフジからクァンマガへと続く延々と続く一線の上のほんの一区切りと考えているのである。こうしておばあの世界観、人生観は死の緊張感を大いに和らげている。
　第三にウガンは自己解放、治癒作用を持っているということである。旧暦の1日、15日になるとおばあは落ちつかなくなる。ウートートーの習慣は50年も60年も続けると、ヒヌカンのウートートーの習慣が身体の中に組み込まれて生活のリズムとなっている。
　1日、15日にトートーメーに向かって報告し、さらに自分の悩みや葛藤を打ち明け、助けを求めることによって気持ちがさっぱりする。やがてそれを心待ちにするようになる。これは一種の「カタルシス」である。つまり鬱積した感情や葛藤を自由に発散して吐き出すと心の緊張がほぐれること、つまり治療につながる。これはキリスト教の懺悔、告白にも通ずる。しかも、こういった一種のリラクゼーション状態はさらに進めば普段と違った意識状態になることである。これを心理学的では変性意識状態、トランスと呼んでいる。これは周囲の人々の目には異常と移る

かもしれないが，こういう状態に入って身の心もリラックスさせるのであるから，自己治癒作用を起こしてやめられなくなる．これは滝壺に打たれる人，山にこもって修行する人，メディティションで瞑想に耽る人，座禅をする人，断食をする人，オウム真理教でみられるような空中遊泳の修行をはじめとして，マラソンをして恍惚となって走っている人，太鼓を叩き続けたり，演劇に没頭している人，カラオケに陶酔している人，音楽に吸い込まれている人，さらに神憑りになったユタ，いずれもチムワジワジ（心の葛藤）を発散しているおばあと同じように自己治癒をしているのではなかろうか．

　つまり，祖先崇拝の実践による世界観，さらに精神療法を取り入れた沖縄の精神文化が沖縄のおばあの長生きの要因の一つと考えられる．

百寿者の健康

　我々沖縄百寿者研究グループは琉球大学医学部附属病院地域医療部の時代から，昭和50（1975）年より30年余にわたって，居住地を訪問して沖縄百寿者の健康チェックを行ってきた．健診順序としては，問診，聴打診に続いて，心電図記録，採血検査（生化学，血清学，血液学，免疫学）を行った後，ADLチェック，知能テスト，生き甲斐の聞きだしを行った．年度によっては脳波記録，心エコー図，脈波伝達速度（PWV），骨密度測定などを追加して行った．

　調査開始当初の昭和50年頃にはほとんどの百寿者が在宅でfree living（自活）であったが，最近は百寿者の数が多くなった一方，老人ホームに収容されているfrail（虚弱）百寿者がおよそ50％にあたるほど多くなった．しかも百寿者の総数が400人以上にもなると悉皆調査はまったく不可能となり，サンプリングをせざるを得なくなった．

　1994年まではサンプリングによるバイアスをできるだけ少なくすることを考慮して行った．したがって，年度別比較ができたので，それらを用いて1970年，1980年，1990年代の百寿者のADLの横断的な比較を試みた．それらのデータは1975年から1980年，1986年から1988年，1992年から1994年の3群である．その結果はADLの低下，すなわち不健康状況の増加を如実に示している[1,2]（図1）．

　次に1987年から1996年にわたる百寿者で外見上健康と思われる在宅のfree living百寿者を選んで健康チェックを行った．その際，視診，触診，聴打診による理学所見に，臨床検査データを加えて考察することにした．

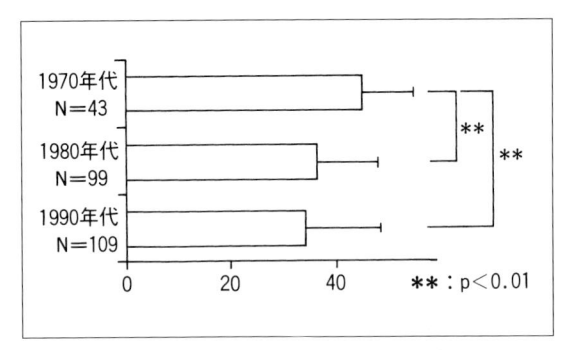

図1　百寿者年代別ADL総計値比較

貧血

　眼瞼結膜の視診による貧血の判定の結果，百寿者ではやや貧血を含めて，男性28.6%，女性29.4%で成人に比べて貧血が多く，血液検査データでは男性健常百寿者の赤血球数は 403 ± 54.7 万/μl，ヘモグロビン値は 12.4 ± 1.3 g/dl，女性健常百寿者ではそれぞれ 375 ± 43.9 万/μl で，11.6 ± 1.2 g/dl であった．

動脈硬化

　PWV（大動脈脈波伝達速度）の測定ならびにAI（動脈硬化指数）の算定のできた百寿者が40名（男7名，女33名；平均101.1歳；100〜105歳）を対象に，70歳以上90歳未満の健康老齢者（92名）を対照群として比較検討した．

　PWV測定はアモルファス脈波センターを用いたPWV測定計によった．さらにFridewald変法（AI＝〔TC-HDLC-TG/5/HDLC〕に基づいて生化学的にAIを算出した（**表1**）．百寿者のPWVの平均値（10.15 ± 2.04 m/s）は対照の平均値（8.45 ± 1.44 m/s）に比べ有意に高かった（$p<0.0001$）．これは男女とも同様であった．百寿者のPWVの平均値（10.1 m/s）は，荒井の平均値を基本に計算するとほぼ80歳の値に相当する．百寿者群の平均年齢が101歳であるから，われわれの調査した百

表1 百寿者のPWV（脈波伝達速度），AI（動脈硬化指数）と血漿脂質分画

			PWV	AI	TC	TG	LDLC	HDLC
百寿者	全体 (n=40)	mean SD	10.15*** 2.04	1.91*** 0.53	166.2*** 33.3	108.3 46.8	102.4*** 25.1	49.8 10.6
	男性 (n=7)	mean SD	10.88*** 1.8	1.87 0.41	165.5 38.6	100.8 33	104.3 31.2	50 7.1
	女性 (n=33)	mean SD	10.02** 2.05	1.92*** 0.51	166.3 32.3	109.6* 48.8	102.1*** 23.9	49.7 11.1
対照	全体 (n=92)	mean SD	8.45 1.44	2.59 0.88	207.6 36	129.1 73.7	126 30.8	52.1 11.2
	男性 (n=45)	mean SD	8.36 1.27	2.52 1.03	192.7 36	116 56.2	117.7 31.5	50.1 11.4
	女性 (n=47)	mean SD	8.54 1.56	2.66 0.7	221.8 29.7	141.5 85.4	133.7 27.9	54.1 10.5

TC：総コレステロール，TG：中性脂肪，LDLC：LDLコレステロール，HDLC：HDLコレステロール
mean：平均値，SD：標準偏差，*p＜0.05，**p＜0.001，***p＜0.0001

寿者の大動脈は予測値より20歳も若いということができる．

AIの百寿者の平均値（1.91±0.53）と，対照の平均値（2.59±0.88）との間には有意差を認めた（p＜0.0001）．しかし，PWVとAIの間には有意な相関は認められなかった．百寿者ではPWV値は広範囲に分布しているが，AI値は全体的に低く，対照群ではPWV値は10 m/s以下の範囲に集中する傾向がみられ，他方でAIは全般に高い値を示した．それは大動脈硬化を表すPWVと細小動脈硬化を反映するAIの間で動脈硬化の進行の位相のずれがあることを示唆しているように思われる．百寿者では相対的に細小動脈硬化の進行は大動脈硬化の進行に比して遅い，これが石井らの報告にあるように，百寿者が病的なアテロームを形成する動脈硬化による病的老化よりも，線維化（fibrosis）などを中心とした生理的老化が主体であることを示唆しているものと思われる．

脈拍数と不整脈

脈拍に関して初診時の理学所見から得られた平均脈拍数は男性74.6±

表2　百寿者の心電図異常所見出現率の比較

		70歳代老人	%	百寿者	%	検定 (P)
波型	QS-rS型 (V_{1-6})	32	13.7	46	19.7	0.08
	QS-rS型 (ⅡⅢaVF)	0	0	5	2.1	0.07
	LVH	28	12	13	5.6	0.02*
	Low voltage	9	3.8	57	24.4	p<0.0001****
	ST-T	57	24.4	84	35.9	0.007**
	CLBBB	10	4.2	3	1.3	p<0.0001****
	CRBBB	41	17.5	16	6.8	0.0004****
調律	SVPC	12	5.1	76	32.5	p<0.0001****
	PVC	12	2.1	38	16.2	0.001***
	SVT	1	0.4	6	2.6	0.1277
	VT	0	0	2	0.9	0.4786
	af-AF	4	1.7	12	5.1	0.075
	AV-B	2	2.9	6	2.6	0.2847
	PM	0	0	3	1.3	0.2467
	総数	234	100	234	100	

*p=0.05, **p=0.01, ***p=0.001, ****p=0.0001
LVH：左室肥大, CLBBB：完全左脚ブロック, CRBBB：完全右脚ブロック, SVPC：心房性期外収縮, PVC：心室性期外収縮, SVT：心房頻拍, VT：心室頻拍, af：心房細動, AF：心房粗動, AV-B：房室ブロック, PM：ペースメーキング

15.1/分, 女性76.5プラス±13.0/分であったが, 90/分以上の頻脈は男性4名 (6.3%), 女性37名 (12.9%) にみられた.

　不整脈の触診は脈拍の触診時間によるバイアスを除くため, 触診を30秒間にした. その際, 男性の52.2%, 女性の29.6%に不整脈が認められた. それを科学的に証明するために1976年から1994年にわたる百寿者234名について12誘導の安静時心電図による不整脈の種類別出現状況を70歳から79歳健常老人群234名と比較し表2に示した. 心房細動ないし心房粗動は5.1&, ペースメーカー1.3%を含めMobitz type以上の房室ブロックは2.6%, 心室頻拍は0.9%, 心室性期外収縮は16.2%, 心房頻拍は2.6%, 心房性期外収縮は32.5%みられた.

血圧

百寿者の血圧の平均値は男性で 130/71 mmHg で女性で 130/73 mmHg であり，正常血圧レベルであった．しかし，この際，高血圧レベルを収縮期血圧 160 mmHg 以上，拡張期血圧 95 mmHg 以上でとると，男性 1 名（1.6%），女性 4 名（1.4%）がそれに該当した．しかし，初回訪問で心理的緊張で血圧が上がっていると考えられるので，臨床的意義は少ない．したがって，百寿者には基本的には高度な高血圧症はない．高血圧症とそれに伴う脳血管障害や，心・腎障害は百歳までに淘汰されている可能性もある．

心雑音と心筋・心内膜疾患

百寿者では心雑音，心音異常を聴取することが多い．表 3 に心雑音の出現状況を示した．僧帽弁閉鎖不全を想定できる心尖部のⅢ度以上の全収縮期雑音は男性ではなく，女性で 9 名（3.1%）にみられた．心尖部収縮期雑音でもⅡ度以下で持続の短いものは相対的僧帽弁閉鎖不全として処理した．一方，僧帽弁狭窄を示す心尖部の拡張期ランブルないし僧帽弁開放音を聴取できる者は男性ではなく，女性 1 名（0.3%）であった．

大動脈弁閉鎖不全を想定できるⅢ度の心基部の拡張期雑音は男性ではなく，女性 4 名（1.4%）に認められた．心基部のⅢ度以上の収縮期雑音は男性 1 名（1.6%），女性 4 名（1.4%）に認められ，大動脈弁狭窄症が疑われた．心基部の収縮期雑音でもⅡ度以下であったり，楽音様雑音である場合は機能性心雑音と考えられる．男性ではなく，女性 29 名（10.1%）に認められた．心音の純なものは男性 52 名（82.5%），女性（58.0%）であった．

聴診所見を裏付け，より正確に診断すべくポータブルのメカニカルタイプのエコーグラムを用いて，百寿者 38 名（男性 10 名，女性 28 名）について心断層図を撮影した．その解析結果に心音図や心電図所見を加えて表 4 に示した．僧帽弁の弁輪（9 名）腱索（7 名），乳頭筋（4 名）のすべてがいずれかに石灰化の認められる者が合計 12 名（31.6%）あり，

表3　百寿者の心臓聴診による診断状況

	男性例数（％）	女性例数（％）	備　考
僧帽弁閉鎖不全	0　（0）	9　（3.1）	心尖部収縮期雑音Ⅲ度以上
相対的僧帽弁閉鎖不全	7　（11.1）	39　（13.6）	心尖部収縮期雑音Ⅱ度以下
僧帽弁狭窄	0　（0）	1　（0.3）	拡張期ランブルと僧帽弁開放音
大動脈弁閉鎖不全	0　（0）	4　（1.4）	心基部拡張期雑音Ⅲ度以上
大動脈弁狭窄症	1　（1.6）	4　（1.4）	心基部収縮期雑音Ⅲ度以上
機能性心雑音	0　（0）	29　（10.1）	心基部収縮期雑音Ⅱ度以下
心音純	52　（82.5）	166　（58.0）	
不明	3　（4.8）	34　（11.9）	
合計	63　（100）	286　（100）	

表4　百寿者の心エコー図解析結果と付随検査データ

症例番号	氏名	年齢	性別	心エコー図						心音図					心電図			血圧 (mmHg)
				AVC	MAC	CTC	PMC	AS	MS	ES	SM	DM	IV	RM	LVH	ST-T	Block	
1	A.T.	100	F	+	−	−	−	−	−	+	−	−	+	−	−	+		100/60
2	N.M.	100	F	+	−	+	−	+	−	+	+	−	+	−	−	+		140/90
3	T.K.	101	F	+	+	−	−	+	−	+	+	−	+	−	−	+	LAHB	180/82
4	N.N.	100	F	+	+	+	+	−	−	+	+	−	+	−	−	−		120/78
5	Y.K.	104	F	+	−	−	−	−	−	+	−	−	+	−	+	+		178/78
6	G.N.	101	F	+	−	−	−	−	−	+	−	−	−	−	−	+		135/50
7	O.K.	100	F	+	−	−	−	−	−	−	−	−	−	−	−	+		128/68
8	Y.M.	99	F	+	+	−	−	−	−	+	−	−	−	−	−	+	CRBBB	120/64
9	H.M.	100	M	+	−	−	−	+	−	−	−	−	−	−	−	−		164/76
10	H.K.	100	F	+	−	−	−	−	−	−	−	−	−	−	−	+		116/50
11	O.K.	99	F	+	−	−	−	−	−	+	−	−	+	−	−	+		118/50
12	N.M.	103	F	+	+	+	−	+	?	+	+	+	+	−	−	+	I°AV	110/58
13	S.M.	99	F	+	−	−	−	−	−	+	−	−	−	−	−	+		148/88
14	T.T.	101	F	+	+	−	−	−	−	+	+	−	+	−	−	+	I°AV	124/70
15	Z.U.	99	F	−	−	−	−	−	−	+	−	+	+	−	−	−		140/70
16	N.O.	100	F	−	−	−	−	−	−	−	−	−	?	−	−	−		136/84
17	I.M.	99	F	−	+	−	−	−	−	−	−	−	−	−	−	−		140/74
18	I.K.	102	M	−	−	−	+	−	−	−	−	−	−	−	−	−		160/72
Total				15	9	7	4	7	1?	15	10	4	13	1?	2	15	4	

心エコー図　AVC：大動脈弁石灰化，MAC：僧帽弁輪石灰化，CTC：僧帽弁腱索石灰化，PMC：乳頭筋石灰化，
　　　　　　AS：大動脈弁狭窄，MS：僧帽弁狭窄
心音図　ES：駆出音，SM：収縮期雑音，DM：拡張期雑音，IV：4音，RM：拡張期ランブル
心電図　LVH：左室肥大，LAHB：左前枝ブロック，CRBBB：完全右脚ブロック，I°AV：I度房室ブロック

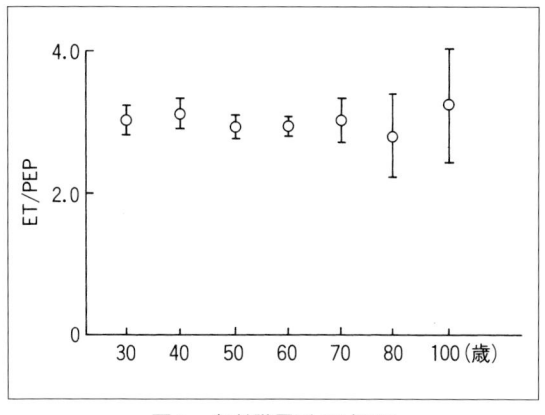

図2　年齢階層別 ET/PEP

僧帽弁閉鎖不全の原因と考えられる．それらのなかには心筋梗塞による腱索断裂は認められなかった．大動脈弁の石灰化は15名（39.5％）に認められ，そのなかの1名は明らかに大動脈弁閉鎖不全と考えられた．

　百寿者の心筋障害や心肥大の状況を心電図で調べた．1976年より撮られた百寿者，総計234名について波形解析結果を表2に示した．QSないしrSパターンは51名（21.8％）にみられたが，胸痛の既往は，V_{1-6}誘導の46名とⅡⅢaVF誘導5名を併せてまったくなく無自覚であることを考えると，心筋梗塞よりもアミロイド沈着をも含めた心筋の代謝異常を考えるべきである．同時に低電位やⅠ度房室ブロックや脚ブロックやST－T変化も同様に代謝障害によっておきてきたものと推測される．一方，左室肥大は5.6％にみられたが，ST－T異常を伴っているものは少なく，R高電位のみの者はやせによる電極への電位伝達距離の接近によるものと考えられる．

心ポンプ機能

　心のポンプ機能を調べるべくSTI(systolic time intervals)を47名の百寿者について行った．その結果を図2に示す．一般に心機能低下とともにPEP（前駆出期）は延長し，ET（駆出時間）は低下する．したがって，ET/PEPは小さくなるが，百寿者のET/PEPの平均値は3.22±

0.81で若年群と特に変わりはなかった．

百寿者では若年者にみられるようなリウマチ性の病変よりも加齢とともに起きた心筋代謝障害が根底にあり，さらに弁尖，弁輪，腱索の石灰化によって逆流を起こしていると考えられる．大半はポンプ機能が保全されていて代償期にあると思われるが，何らかのきっかけによって死期が訪れると考えられる．

ラ音

聴診によるラ音の聴取は男性8名（12.7％），女性41名（14.3％）にあり，肺の線維化や気腫が疑われた．これらが基礎となって気道感染を起こすと肺炎となる可能性を秘めている．肺炎は血栓症や心不全とともに百寿者の三大死因の一つに数えられている．

浮腫と肝・腎機能

浮腫＋＋は男性3名（4.3％），女性12名（4.2％）に，＋は男性22名（34.9％），女性49名（17.1％）にみられた．浮腫の原因は種々あって心性，腎性，肝性の他，ホルモンのバランス障害や代謝障害やorthostatic（起立性）のものもあって一概に原因を把むことはできない．百寿者では採尿が困難であり，蛋白尿を確認することはできない．そこで血清クレアチニンを測ったところ，百寿者の平均値は男性1.2 ± 0.3 mg/dl，女性0.9 ± 0.4 mg/dlで正常範囲内にあり，1.31 mg/dl以上の異常者は男性12名（19.0％），女性15名（5.2％）に認められたが，要治療の異常者は1名もなかった．

肝機能についてGOT，GPTともに高値を示すものは小数で，男性ではなく女性1名（0.2％）であった．なお，GOTの平均値は男性21.3 ± 8.9 IU/l，女性20.0 ± 8.3 IU/lで，GPTは男性12.5 ± 8.1 IU/l，女性10.5 ± 5.9 IU/lで正常範囲内にあった．

麻痺

半身麻痺ないし単麻痺は男性2名（3.2％）に，女性では16名

(5.6%）にみられた．いずれも脳卒中によるものであったが，それらのうちの9名（50%）が在宅でケアーされていた．

拘縮

拘縮の大半は膝・足関節で，股関節のものを含めて男性で17名（27.0%），女性で104名（36.4%）であった．そのうちで脳卒中による麻痺を伴う者は3名であり，他の大半は骨・関節障害ないし無為に起因するものであった．

視聴力

井上のADL表について百寿者および家族の会話から視力と聴力について5点満点でプロットし，視力と聴力の平均値を求めた．男性 3.5 ± 1.1，女性 3.0 ± 1.2 であった．そのなかで男女ともに聴力は視力よりも低下していて，大きなコミュニケーションの支障になっていた．

認知能力

井上法によるADLから意思表示と理解力などを，百寿者との対話で5点満点で求めた．その平均値は男性 4.2 ± 1.2，女性 3.4 ± 1.4 で比較的良好であり，意思表示，会話理解ともにスコア5が男性で60%，女性でも30%を越えていた．

百寿者の身体状況総括

理学所見と臨床身体情報を総括すると次のような結果となる．百寿者にはいわゆる frail（虚弱）百歳老人と健康百寿者が混在している．外見上の健常百寿者でも多少の貧血と心筋代謝障害と弁の石灰化に伴う逆流と各種の不整脈を持っているが，心ポンプ機能としては代償期にある．大動脈を中心に石灰化，線維化が進み，血圧はほぼ正常であるが変動が大きく，血液の還流は必ずしもスムーズではなく浮腫が出没している．呼吸機能は肺の線維化や肺気腫傾向にあり，肺炎の準備状態になっている．肝腎機能は正常範囲内にある．以上から健康百寿者では，臓器は代

償期にはあるものの homeostasis の幅は小さくなっているといえる．

成功長寿

　人の健康は WHO で定義しているような身体的にも，精神的にも，さらに社会的にも魂的にも健康である者を指している．つまり，身体的にも精神的にも明らかな疾患を持っていないと同時に社会的に満足のできる豊かな生き甲斐のある人生を送っていることを意味する．ことに百寿者ともなると臨床諸検査がすべてが基準値以内である者は皆無に近い．その意味で百寿者の健康を論ずる場合百寿とは尊むべき百歳であるとし，介護に難渋している百歳者，顕性の異常者を除外することにした．

　広義の超高齢者には寝たきり（bedridden）やぼけ（demented）であっても生存しているいわば人工長生き artificial long life と心も身体も豊かに生きる狭義の長寿とがある．前者はいわゆる虚弱，flail 老人であったり，要介護老人（dependent）であったりする．介護の面から捉えると，dependent 百歳，disable 百歳である．後者は free living の老人が主で，自立百寿，independent 百寿である．それを介護の面からいうと，disability free 百寿つまり百寿である．Disability の内容を個別に捉えると，dementia free とか incontinent free などがある．それらの評価には ADL や QOL 調査の結果をスコア化して求められる．しかし，百歳老人は単に independent と dependent に二分されるものではない．百歳の healthy と frail は連続的なものである．

　ところで健康には用語上，healthy 百寿と well 百寿とがある．Well 百寿には well being や well aging や well dying のニュアンスが含められている．つまりうまく年をとってうまく死ぬことも含まれているということになる．健康とは必ずしも医学的に healthy であるのみではない．Well 百寿の中には百年を成功の人生として生きぬいた successful な百寿が含まれる．しかし，人間の成功か不成功かの判定は漠然としていて，何をもって成功とするのかの定義は難しい．さらに傑出百寿（excellent）に至ってはその定義がより困難なものになって，意見が分れるところである．傑出百寿の選定には慎重な検討を要する．

地球上に生きている以上 ever lasting health（不老不死）は人間の叶わない願いであるから，不老長寿は人間の永遠の夢であるといえよう．従って，well 百寿を得ることが人間の夢であることになる．Well 百寿は個人の「人となり」から生まれてくるものであるから，健康で百歳を迎えた人の人生の総括かもしれない．そこにはまた観察者の私見も含まれていよう．

あとがき

　不老長寿は人類の果てしない夢であります．古来からあらゆる権力と財力を駆使して，それをかちとろうとした物語や史実が数多く残っています．しかしそれは昔に限らず，現代でも老若男女ともに若返りを求めてサプリメントや美容整形や，エステや，果ては各種のセラピーなどに大枚のお金を使っています．

　紀元前219年，秦の始皇帝が不老長寿の秘薬を求めて蓬莱山に遣わした徐福は，帆船を仕立てて5千人の家来と金銀財宝を載せて東方海上に出帆しました．しかし2005年現在でも帰ってきていません．ところがその財宝の一部である明刀銭は台湾や日本本土のどこにもなく，沖縄と済州島で貝塚から出土しています．それは1458年，尚秦久の命により建造された首里城の万国津梁の鐘の鐘銘には沖縄のことが蓬莱島として刻まれています．蓬莱島とは桃源郷，シャングリラのことです．徐福のシャングリラを求めたロマンの物語を大学生に紹介し，「彼らは一体どこへ行ってしまったのでしょうか？」と質問したところ，R大学医学部の学生はこう答えました．「徐福らが帰ってこられないのは不老長寿の薬が見つからないので帰国したら殺されるでしょう」あるいは「手に入れて帰国したとしても無効なので殺されるかも…」と．一方O大学の人間福祉学科の学生の一人が次のようにコメントを述べています．「徐福は今も竜宮城で不老長寿の秘薬を採取している最中で，夢のような生活を堪能しているのではないか」と．本書の読者の皆様はどちらの意見に賛成でしょうか？

　2006年9月，第47回日本人間ドック学会学術大会が沖縄で開かれるとともに，第1回国際人間ドック会議が芽を出す事になりました．私は大会の主題を「Okinawa Way」とすることにしました．それは沖縄的ライ

フスタイルでもあるし，沖縄式ドック方式とも解釈できます。"人間ドック"は日本で生まれた独特な総合健診システムです。それが疾病の予防に大いに貢献しました。平均寿命が急速に延びて，日本は世界一の長寿国となりました。その中にあって沖縄県は日本一の長寿を記録を勝ち得ました。アメリカでは日本にならった健診システムを保健会社が中心になって進めてから，急速に生活習慣病による死亡が減少しています。

ところで「ドッキング」という言葉には「異なる二つの物を繋げて，より有効なものを造る」という意味があります。人間ドックの目的は単に疾病を早期に発見するためだけではなく，健診データをもとに健康相談や特に保健指導によって危険因子を排除して，健康長寿への生活の介入を推進することですから，したがって「健診」と「生活介入」のドッキングなのです。これが総合健診と人間ドックの大きな相違点です。

沖縄の長寿ライフスタイルを紹介した私の著書『THE OKINAWA PROGRAM』が2001年にアメリカをかわきりに世界中で出版されました。ところで長寿地域を主張したり論じたりするには単に異なる地域，異なる集団を比較研究するだけではなく，該当地域のコホート群の縦断研究，つまり決まったグループの人たちに生活スタイルを変えていただいて追跡調査することが肝要と考えられます。それを評価するためには，その目的にかなったようなチェック項目と検査プログラムが求められます。そこで本学術大会では成功長寿をめざした「成功長寿ドック（抗加齢ドック）」を「Okinawa Way」として取り上げることにしました。

本書の原稿は過去3年にわたり服部社長のご好意により，モダンフィジシャンに連載させていただきました「名医・診療のエッセンス」の原稿の一部であります。私は名医ではありません。しかし私は臨床の実務が好きです。患者さんの心と触れ合うことによって，逆に私の心が癒されて，豊かになっていくのを感じるのです。私は原稿を書くたびにある種のくすぐったさを感じながら，つい40回にもなってしまいました。これは診療のエッセンスというようなおおそれたものでもありません。医療に携わる者の端くれとして患者さんの心とのふれあいから教わった診療のエピソードを集めたものです。その中から今回は沖縄の百寿者から

教わった長寿の秘訣の部分を抜き出してご紹介することにしました．

　2006年9月14日，国際人間ドック学会は世界の津梁（架け橋）である沖縄で産声をあげることに大きな意味があります．それは健康長寿文化を世界に紹介するよい機会と存じます．本書が学会発足と期を一にして出版されるのは私の大きな喜びであります．最後に成功長寿を迎え，かつ私達のインタビューに，そして健康診査に応じて下さった沖縄の百寿者の皆様に，そしてその寄稿に光を与えてくださる服部社長に心から感謝申し上げる次第であります．

著者略歴

鈴木　信
すずき　まこと

1933年　東京都に生まれる.
1958年　慶應義塾大学医学部卒業
慶應義塾大学医学部助手，厚生技官医療職（国立東京第二病院）を経て，1976年琉球大学保健学部付属病院助教授に就任．1983年教授に昇任．
琉球大学附属病院地域医療部長，琉球大学医学部地域医療研究センター長，琉球大学医学部附属沖縄・アジア医学研究センターを経て1999年定年退官．
現在，沖縄長寿科学研究センター長．
琉球大学名誉教授，医学博士
主な著書，『百歳の科学』（新潮社），『日本の百寿者―生命の医学的究極像を探る』（中山書店），『初心者のための循環器機能検査の実態』（新興医学出版社），『臨床心電図のすべて』（共著，ライフ・サイエンス・センター），『医療科学，Ⅰ医療概論，Ⅱ社会と医療』（共著，医学書院），『データでみる百歳の科学』（大修館書店），『脳卒中・あなたならどうする―完全復帰した医師の記録』（大修館書店），『THE OKINAWA PROGRAM』（Random House），『オキナワ式食生活革命』（飛鳥新社）などがある．

ⓒ 2006　　　　　　　　　　　　　　第1版発行　2006年10月13日

百歳と語る　　　　　　　　　　　（定価はカバーに表示してあります）

著者　鈴　木　　信

発行所　株式会社　新興医学出版社
発行者　服　部　秀　夫
〒113-0033　東京都文京区本郷 6-26-8
電話　03（3816）2853
FAX　03（3816）2895

検印省略

印刷　三報社印刷株式会社　　ISBN 4-88002-489-9　　郵便振替　00120-8-191625

・本書およびCD-ROM（Drill）版の複製権・翻訳権・上映権・譲渡権・公衆送信権（送信可能化権を含む）は株式会社新興医学出版社が所有します．
・JCLS 〈㈳日本著作出版権管理システム委託出版物〉
本書の無断複写は著作権法上での例外を除き禁じられています．複写される場合は，その都度事前に㈳日本著作出版権管理システム（電話 03-3817-5670，FAX 03-3815-8199）の許諾を得てください．